国学经典

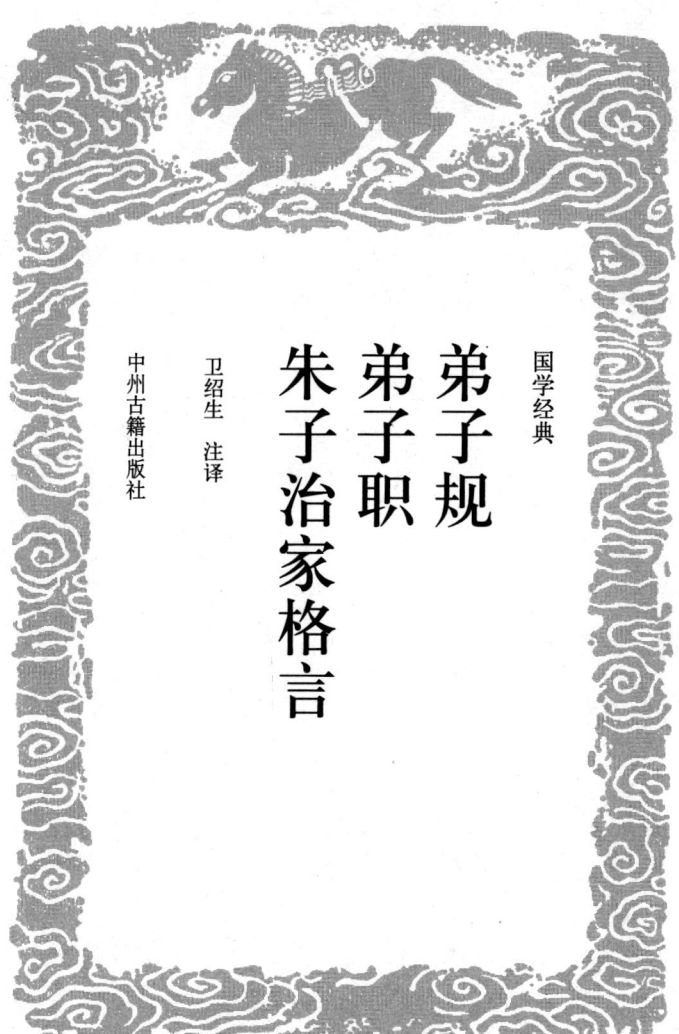

弟子规
弟子职
朱子治家格言

卫绍生 注译

中州古籍出版社

弟子规　　弟子职
朱子治家格言

前 言

启蒙教育是传统文化的一项重要内容,也是中国古代教育的良好传统。早在春秋时期,辅佐齐桓公完成霸业的著名政治家管仲著有《管子》一书,其中"弟子职"一章,主要讲述的就是弟子受业、应客、侍坐、进退、洒扫、馔馈等礼仪规范。比管仲晚了一百多年的孔子,是我国古代最为著名的思想家和教育家,由其弟子记录孔子言行而成的《论语》,既是儒家经典,又是我国古代第一部真正意义上的教子弟书。此后,对儿童进行启蒙教育的著作也越来越多。唐代李瀚取《周易》蒙卦"匪我求童蒙,童蒙求我"之义而撰《蒙求》,以教学童。其后遂出现了许多类似的著作,如宋代吕本中的《童蒙训》、朱熹的《童蒙须知》、王逢原的《十七史蒙求》、方逢辰的《名物蒙求》、徐伯益的《训女蒙求》,元代吴化龙的《左氏蒙求》、胡炳文的《纯正蒙求》,清代王筠的《文字蒙求》、罗泽南的《养正蒙求》,等等,都是对儿童进行启蒙教育的读物,使启蒙教育在古代社会真正成为一门受到社会各界普遍关注的"蒙学"蒙以养正。启蒙教育的一个显著特点,就是向儿童传授社会生活知识和儒家伦理道德规范,培养正确规范的言行和浩然正气。虽然各类蒙学著作林林总总,卷帙浩繁,涉及的生活面和知识面也相当广泛,但其主旨都不外乎"养正"二字。"养正"是儿童教育的基础和根本。正如屠义英所言:"《易》

曰:'蒙以养正,圣功也。'而养正莫先乎礼。盖人之自失其正,以自外于圣人之途者。率以童幼之年,不闻礼教,则耳目手足,无所持循,作止语默,无所检束。及其既长,沿习偷安,徇情任气,如已决之水,不可堤防;已放之条,不可盘郁,何所不至哉!是故,朱子小学,必先洒扫应对之节,程子谓即此便可达天德。信非诬也!"(清张伯行《养正类编》卷三引屠义英《童子礼》)

《弟子规》和《弟子职》、《朱子治家格言》是蒙学教育中影响较大的三部作品。它们同样是以养正为旨归,教育儿童识礼仪,懂道理,明尊卑,知长幼,正其身,慎其言,自幼就养成"富贵不能淫、威武不能屈"的浩然正气,形成知书达礼、循规蹈矩的行为规范。在今天看来,其中许多内容虽然未必合乎时宜,但对一个浮躁和铜臭滋溢的时代而言,其积极意义还是应予充分肯定的。

《弟子规》出自清康熙年间李毓秀之手。李毓秀,字子潜,山西绛州(治今山西新绛)人。一生仕途不得志,靠教授童蒙维持生计。在教书生涯中,他根据传统蒙学的要求,结合自己的教书实践,写成了《训蒙文》。后经贾存仁修订,易名《弟子规》,意为少儿居家、出外和读书学习应该遵守的规矩。全书以《论语·学而篇》中的"弟子入则孝,出则悌,谨而信,泛爱众,而亲仁。行有余力,则以学文"一段文字为纲,以三字韵语的形式,教导儿童如何待人接物、为人处世,如何修身养性、行以正道,如何实践儒家的伦理道德规范。此书虽然比明代的许多蒙学读物晚出得多,但在清代以后的蒙学教育中影响很大。现代教育制度出现之前,《弟子规》是许多私塾先生教授学童的必选之书。此书语言浅显易懂,故而此次整理仅依据通行本作了必要的校勘,加了少量的注释,并作简略翻译。

《弟子职》是《管子》中的一章,春秋初期著名政治家管仲撰。管仲,名夷吾,颍上(颍水之滨)人。齐桓公任命他为卿,尊称他为"仲父"。他尽力辅佐齐桓公,使其成就了春秋第一霸主的伟业。

所著《管子》八十六篇，《汉书·艺文志》入于道家类。尽管《管子》成书的年代尚有争议，但其主要内容与管子思想是基本吻合的。本书所收《弟子职》，是从清光绪初年浙江书局辑刊的《二十二子》所收唐房玄龄注、明刘绩增注《管子》一书摘出的，个别地方作了必要的校勘，但未出校记。

《朱子治家格言》，又作《朱子家训》，清初朱用纯撰。朱用纯，字致一，自号柏庐，江苏昆山县人。其父朱集璜于清顺治二年（1645）在守御昆城抗击清军时遇难。朱用纯因此终身不仕，教授乡里，与明季死事遗孤徐枋、杨无咎并称"吴中三高士"。《朱子治家格言》是朱用纯教授乡学时所作。本书以清康熙间石成金的《家训钞》所收《朱夫子治家要法》为底本，并据通行本作了必要订正。

本书所收三种蒙学著作，都是古代启蒙教育中较有影响的著作，在文体方面亦是各有特色。《弟子规》用韵语写成，语言比较浅显易懂；《弟子职》是用散文体写成，文字比较艰涩难懂，但它是现存最早的启蒙读物，在古代启蒙教育类著作中影响很大；《朱子治家格言》属于杂言体，篇幅不长，问世的时间也比较靠后一些，但在同类启蒙类著作中广有影响。清人石成金评论说："此篇训言，于治家应世之道，明白切当，真字字金珠。"其中"嫁女择贤婿，毋索重聘。娶媳求淑女，毋计厚奁"，平白的话语蕴含着丰富的人生经验；"一粥一饭，当思来处不易；半丝半缕，恒念物力维艰"，已成为劝人勤俭持家的名言。

为了帮助读者阅读理解，本书对所收三种启蒙教育读物的章、节、段落和语句大意作了简要的讲解和翻译，对个别生僻字和古今意义区别较大的字词作了必要的注释。应该指出的是，这些启蒙读物的思想内容是精华与糟粕并存，其中那些教育儿童孝敬父母、尊敬师长、诚实守信、修身养性、热爱生活、努力学习、奋发进取的内容，不论过去现在还是将来，其积极意义和文化价值都是应该肯定的，而那些宣扬愚忠愚孝、明哲保身、听天由命的内容,则具有明显的消极意义,读者阅读时应有所辨别。

  书后附录《小儿语》、《续小儿语》和《好人歌》,是明代吕坤父子所著的教子弟书,同属于儿童启蒙读物。吕坤父子是明代很有影响的学者,尤其是吕坤的《呻吟语》,对后世影响很大。他们编著的启蒙读物,对《弟子规》和《朱子治家格言》的影响十分明显。仔细对比一下,不难看出《弟子规》、《朱子治家格言》与附录三种之间的联系。《小儿语》等三部作品作为附录收入,是为了帮助读者阅读和理解清代这两种启蒙读物,有兴趣的读者可以相互参照阅读。

卫绍生
2009年10月于郑州

目 录

弟子规 …………………………………………… 9
 总叙 …………………………………………… 11
 入则孝 ………………………………………… 13
 出则悌 ………………………………………… 23
 谨 ……………………………………………… 29
 信 ……………………………………………… 37
 泛爱众 ………………………………………… 44
 亲仁 …………………………………………… 53
 余力学文 ……………………………………… 56
弟子职 ……………………………………………… 63
朱子治家格言 ……………………………………… 75
附录 ………………………………………………… 97
 小儿语 ………………………………………… 99
 续小儿语 ……………………………………… 104
 好人歌 ………………………………………… 114

弟子规

[清] 李毓秀 著　贾存仁 修订

总 叙

弟子规^①　圣人训^②　首孝悌　次谨信
泛爱众　而亲仁　有余力　则学文

[注释]

①弟子:"弟子"一词有两个最基本的意思:一是指年幼的人,即通常所说的少年儿童;二是指跟随先生读书或学习技艺的学生。《弟子规》中所说的弟子,主要是指少年儿童。②圣人:此处指孔子。孔子是儒家学说的创始人,被后人尊称为"圣人"。"弟子规,圣人训",是说这些为人处世的大原则,不是作者的杜撰,而是至圣先师孔子的遗训。以下六句,出自《论语·学而篇》:"子曰:弟子入则孝,出则悌,谨而信,泛爱众,而亲仁。行有余力,则以学文。"作者把这段话作为总纲,目的是要告诉人们教育弟子应谨遵圣人的教诲,不可误入歧途。

[译文]

少年儿童遵守的规矩,应该听从圣人孔子的教导。首先,在家要孝顺父母,离开家门要敬爱兄长;其次,说话要恭谨诚信,要博爱大众,亲近有仁德的人。这样躬身实践之后,如果还有余力,就再去学习各种古代文献和文化知识。

[解说]

"总叙"主要讲的是少年儿童在启蒙阶段应该遵循的一些基本原则。古人很重视对少年儿童的启蒙教育,认为少年儿童在启蒙阶段,首先应该学习的是儒家文化知识，按照孔子的教导，学习儒家的伦理规范，并且努力践行儒家的纲常伦理。其首要的一条，就是要"孝悌"。儒家以为，百行孝为先。孝是践行儒家纲常伦理的基础，也是做人的基本要求，所以中国古代有"求忠臣必于孝子之门"的说法。在家能够孝顺父母，尽人子之道，那么，这样的人如果去做官，也就一定是忠臣；在家不仅要孝顺父母，还要敬爱兄长。其次是为人诚实，爱护大众，亲近有仁德的人，加强道德修养。这些方面做好了，自然就成为一个对家庭、对他人、对社会有用的人，一个道德高尚的人。这种情况下，如果还有余力，就要学习文化，学习古代文献知识，看一看前代圣贤和先哲是如何修身养性、完善自我、践行儒家伦理道德规范的。同时，通过学习充实自己，丰富自己的文化知识和社会阅历，进而更好地践行儒家伦理道德规范。从"总叙"所讲可以看出，作者主张用儒家的伦理道德规范来教育少年儿童。以下各节内容都是围绕这一中心进行的。

入则孝①

父母呼　应勿缓　父母命　行勿懒

[注释]

①入则孝:"入"指居家,在家中。少年儿童在家中要孝顺父母。这一部分从居住、举止、四时节令、为人处世等方面,讲述子女应如何孝顺父母尊亲。

[译文]

父母呼唤你的时候,你要赶紧答应,不可迟缓;父母命令你做什么事情,你不可有一点懈怠和偷懒,必须尽心尽力去完成父母之命。

[解说]

在儒家文化看来,子女对待父母,不仅要尽孝道,还要顺从。所谓"孝顺",就包括了孝敬和顺从两个方面的意思。古代的学校教育,主要是教学生"四书"、"五经"等儒家经典,教导少年儿童如何做人,如何遵守儒家的纲常伦理,如何恪守儒家的思想道德规范。而孝顺父母,则是对子女最基本的要求。如何孝顺呢?这里讲到了两个方面。首先是父母呼唤的时候,要赶紧答应,不要迟缓,更不能爱理不理;其次是父母命令做什么事情,要赶紧去做,并且要尽量做好,不能偷懒。孝顺首先表现在顺从父母之命上,父母让做什么,必须不折不扣地照办,顺从父母的意志,不能违忤。否则就不是孝顺的子女。这两个方面和下文所说的"父母教,须敬听。父母责,须顺承",体现出的是儒家纲常中"父父子子"和"父为子纲"的思想。本书作者就是要用这些来教育少年儿童如何孝顺父母。

父母教　须敬听　父母责　须顺承

[译文]

父母教导你的时候，你一定要恭恭敬敬地听，不能心不在焉；父母责备你的时候，你一定要顺从父母之意，接受父母的训斥，不能流露出任何不满情绪。

[解说]

现代教育非常注重双向交流，而传统的教育则强调受教育者的主观接受。不论是父母呼、父母命，还是父母教、父母责，都是单向的，都是父母对子女的教育和训导。相对于子女而言，父母的人生经验和阅历要丰富得多，对生活的认识更深刻。他们结合自己的人生经验和阅历，教育子女如何做人，如何应对社会变化，对子女无疑有很大的帮助。所以，父母教导你的时候，一定要恭恭敬敬地接受教诲，认认真真地听，并且要牢记在心；如果做错了事情，父母责备你的时候，一定要顺从父母的意志，真心实意地接受父母的训斥。这就是所谓的孝顺。但也不容否认，父母为情所蔽，或是舐犊情深，或是恨铁不成钢，或是望子成龙，其谆谆教导难免有偏颇之处，甚至根本就是错误的。过分强调子女对父母的孝敬和顺从，就很容易缩小子女的思想空间，压抑子女的个性发展，这对子女的全面发展必然会造成负面影响。

冬则温　夏则凊[①]　晨则省[②]　昏则定

[注释]

①凊：音 qìng，清凉。②省：音 xǐng，探望，问候。

[译文]

冬天天气寒冷，父母入睡前，子女要先给父母暖好被窝；夏天炎热，要让父母享受清凉；早上起来应先向父母问安，夜晚要先服侍父母入睡。

［解说］

　　子女居家不仅要在言语上顺从父母,而且还要在行动上去实践儒家的孝道。这就是儒家所主张,同时也是传统文化所认可的"冬温夏凊,晨省昏定"。一年四季,夏暑冬寒,是人们最易生病的季节。所以,子女在寒冷的冬天,要让父母晚上睡得温暖;炎热的夏天,不要让父母受酷暑之累,而要让他们享受凉爽;在日常生活中,每天都要做到早上起来给父母请安,晚上先服侍父母休息。这样的情况,在现代生活中已经很少见了。生活节奏的变化,生活条件的改善,工作时间的限制,等等,使得子女整日忙于工作和生活,和父母在一起的时间少了,照顾父母的时间也少了,冬温夏凊和晨省昏定,只有在古代家庭题材的电视电影中偶尔可见。当然,时代不同了,人们的生活内容、生活节奏及生活条件,与古代社会相比已经发生了很大变化,因而不可能要求每一个子女都像小农经济社会那样,时时处处围着父母转。所谓"父母在,不远游",在当今社会已经很少有人认同了。虽然如此,但为人子者应该孝敬父母这样一种孝道的基本精神,还是应该得到继承和发扬的。

出必告　反必面①　居有常　业无变

［注释］

①反:即返。面:面见,当面。

［译文］

　　外出时一定要向父母报告,回来后一定要先去面见父母,免得他们为你担心;居住的地方应该稳定,从事的职业不要经常变动。

［解说］

　　现在的青少年追求个性自由,讲究独立,许多事情都是自己作主,进出家门也很随意,有的人甚至连父母也不告诉一声。但是,在中国古代,子女外出是一定要征得父母同意的。回家之后,一定要首先面见父母,告诉父母自己已经平安归来,免得父母挂念。儿行千里母担忧。要免除父母的担忧,就要时常向父母报平安。在居住和职业选择方面,要有一定的持续性,不要经常变化。居住之地不能经常变动,若是经常搬迁,就会让父母经受旅途奔波之苦,无法安享晚年;职业若是经常变化,会让父母为你担心。这也就是中国古代社会对子女的要求,如果放在现代社会,交通非常快捷便利,迁居也比较容易,职业变化也很正常。尤其是在一个充满竞争的社会里,许多人并不期望过"居有常,业无变"的生活,类似的担心也就显得有点多余了。

事虽小　勿擅为　苟擅为　子道亏

[译文]

凡事不要擅作主张,哪怕是很小的事情,也不能自作主张,要先向父母报告。如果擅自作主,就违背了做儿子所应尽的孝道。

[解说]

当今社会,张扬个性,敢作敢为,成为许多年轻人的精神追求。听命于父母,或是依附于他人,则被人们视为没主见,缺少独立性,甚至被人们瞧不起。但是,在中国古代,听命于父母却是孝顺的表现。不论事情大小,都不能自作主张,不能擅自行动,必须向父母报告,征得父母的同意。如果不向父母报告,擅自作主,就会被视为违背了孝道,即使成功了,也会受到社会舆论的指责。子女唯父母之命是从,就会被视为孝顺。譬如婚姻大事,通常都是"父母之命,媒妁之言",由父母决定,男女双方当事人不仅没有决定权,甚至连表达自己意见的机会都没有。如果不听从"父母之命,媒妁之言",自己寻找真爱,选择另一半,决定终生伴侣,不仅不会得到父母的同意,而且还会受到社会舆论的指责;如果坚持己见,一意孤行,就会受到来自家庭和社会的重重压力。中国古代许多追求婚姻自主的青年男女的悲剧性结局,让人们看到了青年男女不听从"父母之命,媒妁之言"造成的严重后果。时代的差异,决定了传统的孝道必定要随着时代的变化而变化,否则很难为人们接受和认同。

物虽小　勿私藏　苟私藏　亲心伤

[译文]

即使是很小的物件,也不要私自把它藏起来,放置之前要听从父母的安排。如果私自藏了起来,父母知道后,就会因此而伤心。

[解说]

在父母把子女作为私有财产的社会里，子女在财物方面没有任何私权。不论大小多少，所有的财物都必须交给父母，由父母作主，不能私自藏匿。如果父母给你，你才可以接受。但即使是接受了，也要让父母知道财物藏在什么地方。如果私自藏匿起来，那就是眼里没有父母，没有尊长，表明你有想据为己有、私自享用的意思。在子女是父母的私有财产的时候，子女还谈什么财产私有权呢？当然，在现代社会，财产都有其明确的所有权，父母的就是父母的，子女的就是子女的，界限很分明。除非给予、赠予或授权，否则都是不能私自动用的。

亲所好　力为具　亲所恶①　谨为去

[注释]

①恶：讨厌。恶，音 wù。

[译文]

父母尊亲有什么喜好的，一定要尽力替他们办到；父母尊亲有什么讨厌的，一定谨记要把它们去掉。

[解说]

每个人都有自己的爱好，也都有不喜欢的东西。在现代社会，任何人都没有强求别人以自己的爱好为爱好的权利，也没有强制别人接受他不喜欢的东西的权利。尊重个性差异，尊重个人爱好，尊重人们的不同习惯，是社会进步的表现，也是人类文明的表现。但是，在传统的孝道中，子女要以父母的爱好为爱好，父母喜欢的东西，子女一定要千方百计让父母满意。如古代"二十四孝"之一的王祥，继母爱吃鲜鱼，数九寒冬，河塘冰封，买不到鲜鱼，王祥就来到冰封的河面，卧在冰上，硬是用自己的身体把冰暖化，捉到新鲜的河鱼，拿给继母吃。"王祥卧冰"因此成为千古佳话。对于父母不喜欢的东西，子女要想办法除去，让父母眼不见心不烦。好父母之所好，恶父母之所恶，以父母的好恶为好恶，是儒家文化对子女的要求。要满足这样一种要求虽然很难，但作为子女，还是应该尽量做到。当然，在当今社会，很少有父母会这样要求子女，而牺牲自己的爱好去顺从父母的爱好的人，也不是很多。毕竟每个人都有保持自己爱好的基本权利。

身有伤　贻亲忧① 德有伤　贻亲羞

[注释]

①贻：遗留。

[译文]

身体受到了意外伤害，会让父母尊亲为你担忧；做了有损道德规范的事情，会让父母尊亲因你而蒙羞。

[解说]

身之发肤，受之父母。子女的身体是父母所赐，所以，保护自己的身体免受伤害，也是孝敬父母的重要方面。如果不小心让身体受到伤害，不仅自己要忍受痛苦，还会让父母担忧，也是对父母的不孝。但是，比较而言，道德的伤害比身体的伤害更加不孝。身体受到伤害，只是让父母担忧，甚至父母会因此寝食难安；但如果做了违背道德或缺德的事，则会令父母蒙羞，甚至无颜见人。这才是最大的不孝。子女的孝心表现在方方面面，既要爱惜自己的身体，更要爱惜自己的名声，即使不能因为有骄人的业绩而让父母为你自豪，也不能因个人道德有亏而令父母蒙羞。

亲爱我　孝何难　亲憎我　孝方贤

[译文]

父母那么疼爱我，我孝顺他们有什么困难的呢？父母尊亲如果憎恨我，我仍然对他们孝顺，这才表现出我的贤德。

[解说]

子女自幼得到父母的疼爱，长大之后尽心尽力孝顺父母，是自然而然的事情，许多人都不难做到。但是，如果因为种种原因，父母对某个子女并不待见，甚至痛恨和憎恶，在这种情况下，子女若是能够不计较父母的态度，仍然能够用实际行动来孝敬父母，这才是最为难能可贵的。在中国古代，这样的情况并不鲜见。如清人编纂的《百孝图》中，就记载了一些这样的孝子故事。

如春秋时期的闵损,亲母丧,其父另娶。继母起初待他还好,可是,等生下自己的孩子后,开始嫌恶闵损,经常在闵父面前拨弄是非,说闵损的坏话。闵父可怜儿子早年丧母,最初并不介意。冬天到了。继母给闵损做的棉衣,里面不用棉絮,而是塞满了芦花。闵损冻得受不了,也不肯说继母半句坏话。继母却在其父面前,说闵损太娇贵。闵父外出,闵损为父驾车,寒风一吹,冻得浑身打哆嗦,拿不住缰绳,车差一点驶进岔道。父亲恼怒,拿起鞭子抽打闵损,打破了衣服,露出里面的芦花。闵父因此知道儿子受到后妻的虐待,一怒之下,要休掉后妻。闵损不仅没有丝毫的高兴,反而为后母讲情,说:"母在一子寒,母去三子单。"由于闵损求情,其父打消了休妻的念头。后母为闵损的孝行所感动,痛自改悔,从此之后,视闵损如亲生。闵损痛单孝感亲,就是"亲憎我,孝方贤"的典型事例。

亲有过　谏使更①　怡吾色②　柔吾声

[注释]

①更:更正,改正。②怡:欣然,和悦。

[译文]

父母尊亲有了过错,要劝谏他们让他们改正。劝谏的时候,要和颜悦色,柔声细语。

[解说]

子女孝敬父母,不是一切都逆来顺受,不是没有自己的见解。当父母有了过错时,还是要敢于向父母进言劝谏,让他们改正错误。民间曾经流传这样一句俗话:"天下无不是的父母。"意思是在子女面前,父母永远是正确的。这句话有个前提,那就是在家庭之外,子女不能说父母的不是,即使父母确实有过错,也要维护父母的名声,不能由子女自己说出来。但在家庭内部,父母有了过错,子女还是要善尽劝谏之责,而且劝谏时应和颜悦色,柔声细语,不能声色俱厉,更不能用斥责或呵斥的口气,否则就违背了孝道。子女要在坚持己见与和颜悦色之间做好平衡,才能起到劝谏的效果。

谏不入　悦复谏　号泣随　挞无怨①

[注释]

①挞：用鞭子或棍子打人。

[译文]

父母有不对的地方，如果听不进劝说，就应该和颜悦色地再去劝谏。如果还是听不进去，就应哭泣着再劝谏。父母发怒鞭挞你，你也要无怨无悔，继续劝谏。

[解说]

劝谏父母改正错误，子女要有耐心，有恒心，还要做好接受父母斥责或鞭挞的心理准备。人贵在有自知之明。但许多人都很难做到真正了解自己，不明白自己的弱点和不足在哪里。父母同样也是这样，犯了错误却不自知，子女劝谏改正，却又碍于颜面，固执己见，不愿承认，不肯改正。在这种情况下，子女和颜悦色地再次劝谏，一而再，再而三，直到达到目的。有时父母会因此发怒，甚至要动手打人。子女要做好充分的心理准备，即使遭了骂，挨了打，也要哭泣着劝谏，只要父母能够改正错误，遭受鞭挞也无怨无悔。当然，这仅仅是传统文化对子女的一种要求，中国历史上能够做到这一点的人不是很多。现代文明讲究人人平等，强调人格尊严，父母有了错误，子女也可以平等地提出批评。除非遇到了特别不明事理的父母，否则因为劝谏父母过错而遭受鞭挞的情况，已经很少出现了。

亲有疾　药先尝　昼夜侍　不离床

[译文]

父母有了疾病，煎好汤药后，要先尝一尝冷热是否合适，能喝的时候，再端给父母，让他们进药。不论白天黑夜，都要精心侍候，不要离开病床前。

[解说]

父母生病了，侍奉父母，是子女应尽的义务，也是孝道的具体表现。在古代，治病皆是中药汤剂，各种草药按比例配置在一起，用药罐煎熬，然后再给病人服下。服用汤药，热了不行，凉了也不行，所以，孝子在服侍生病的父母时，常常是先尝一尝汤药，待温度合适的时候，再让病人服下。父母生病卧床的时候，子女要昼夜服侍，不能离开病床前，以尽孝敬之心。古代社会，通常是多子女，大家庭，家庭成员外出者很少。一旦老人生病了，众多子女都要到病榻前尽孝。现代社会，子女和父母不在一起生活的情况很普遍，异地而居的现象也很多。父母有父母的事情，子女有子女的工作。父母一旦生病，子女想尽孝心，像古人那样"昼夜侍，不离床"，也只能是在有限的时间里，很难做到放弃工作，全身心投入，长时间坚持。工作生活条件不允许，经济条件也不允许。所以，在这一点上要有时代眼光，不能完全拘泥于旧的观念和做法。

丧三年　常悲咽　居处变　酒肉绝
丧尽礼　祭尽诚　事死者　如事生

[译文]

父母若是过世了，按照丧礼应在坟墓前搭建茅草屋守丧三年。守丧期间，应常怀悲痛之心，经常到墓前哭泣。守丧期间，居住环境变了，饮酒食肉的事情要坚决禁止，以表示对父母的孝敬之情。守丧期间一定要按照礼仪的要求，尽心尽力。每次来墓前祭祀，一定要竭尽忠诚。侍奉死去的父母，要像他们在世时侍奉他们一样诚心诚意。

[解说]

传统的孝道包括两个方面，即父母生前要侍奉孝敬，死后要祭祀守丧，逢到忌日和年节，都要摆上香案，奉上祭品，恭恭敬敬地焚香祭奠，所谓事死如事生。父母去世，依照礼仪应守丧三年，哪怕是在外做官，也要辞官回家守丧，待服丧期满，才可以再出去做官。遭受大丧，应该常怀悲戚之心，杜绝酒宴歌舞等欢乐之事，还要不食荤腥，常食素食。有的人甚至连夫妻同房之类的事也要禁止。古代礼仪对如何守丧有明确规定，如果能够按照要求去做，则被认为符合孝道，否则就是不孝。中国古代有不少因为守丧而辞官的人，如宋朝宣城人吴渊，任浙江提举的时候，父亲病逝，吴渊为守丧而辞官。他还在服丧期间，朝廷下诏命他出来做官，他坚决推辞，说："侍奉亲人，送死守丧是最大的事情。假如我在守丧期间出去做官，那就会让我一生的名誉扫地。"平民百姓中，也有坚持守丧三年的。清朝末年，长春有一人名王梦惺，乃一介平民，靠卖豆腐养活老母亲。母亲去世后，他在母亲的坟墓前盖了一间草房，每天吃生米充饥，渴了就喝点泉水。见人不说一句话。有人问他，他只是拿树枝在地上写字作答。他在母亲墓前守孝三年，苦苦修炼，后来盘膝枯坐，竟仙化而去。

事死如事生，是传统文化对作子女者的要求。但不论古代社会还是当今社会，生前不孝顺父母，待父母去世后大事铺张以博孝顺之名者，却是大有人在。身后千万钱，不如生前一口水。真正的孝顺，在于孝敬和奉养，让父母能够快快乐乐地安享晚年。这才是最大的孝。如果在父母生前不能尽孝敬和奉养之心，而只是在父母去世后举行隆重的丧葬，那并不是真正的孝顺，而是在最后利用父母的遗体以博取孝顺之名，是沽名钓誉。这样的人同样让人看不起。

出则悌①

兄道友　弟道恭　兄弟睦　孝在中

[注释]

①悌：弟弟敬爱兄长，亦指敬爱年长于自己的同辈人。

[译文]

兄长对弟弟要遵循友爱的原则，弟弟对兄长要遵循恭敬的原则。兄弟之间和睦了，孝顺之道自然也就在其中了。

[解说]

"出则悌"，指的是离开自己的居处之所，要敬爱兄长，要以兄弟友爱为先。本节主要讲年幼者对待兄长要敬爱，进而把这种敬爱之心延伸到其他长者。儒家所说的"孝悌"，讲的是家庭伦理。"孝"是子女侍奉父母应该遵循的准则，"悌"是弟弟对兄长应该遵循的准则。弟弟应敬爱兄长，对兄长说话、做事要恭敬。兄长对弟弟应友爱，要善尽爱护之情。兄弟和睦相处，同心同德，共同孝敬父母，共同努力持家，家庭就会兴旺发达。兄友弟恭，是古代社会理想的家庭伦理关系，也是传统文化所赞美和推崇的家庭伦理关系。东汉末年的孔融就是很典型的例子。东汉党锢之祸起，党人张俭遭到通缉，逃到好友孔褒家，碰巧孔褒不在，年仅16岁的孔融便把张俭藏了起来。后来事情败露，张俭逃脱，孔融兄弟却受到牵连，被捕入狱。接受审问时，兄弟二人争相承担责任。孔融的母亲则说是自己没有教育好孩子们，应该由她承担责任。母子三人争相承担责任，法官一时难以决断。最后闹到皇帝那里，皇帝拍板由孔褒担责。孔褒和孔融兄友弟恭，而孔融则因为这件事情声名远扬。

财物轻　怨何生　言语忍　忿自泯①

[注释]

①泯：丧失，消失。

[译文]

对身外的财物看得轻，哪里还会生出怨恨？说话能够忍让，怨忿自然也就消失了。

[解说]

兄弟之间最重要的是友爱，是手足之情。三国时期的刘备说过这样的话："兄弟如手足，妻子如衣服。手足断，安可续；衣服破，尚可缝。"刘备所说的兄弟，指的是桃园三结义的刘备、关羽和张飞。结义兄弟尚且有手足之情，更何况亲兄弟呢？在兄弟关系中，手足之情是第一位的。如果能够真正看重兄弟之情，自然就会看轻财物。没有财务多寡之分，兄弟之间哪里还会有不可调和的矛盾呢？即使一时不注意，言谈话语中有冲撞，忍一忍就过去了，再想一想兄弟之间的手足之情，一切怨愤都会自动消失。"兄弟一条心，黄土变成金。"这是古人赞美兄弟关系的一句话。当今社会，还应提倡这样的兄弟关系，但兄弟关系应该在法律框架之下，不能因为是兄弟，就只讲兄弟情义，不讲原则，不顾法律，有了违法乱纪的事情，你替我遮着，我给你捂着，其结果必然是为兄弟情义所累，甚至是违法犯罪。这样的兄弟关系，只能说是古老的兄弟关系，不能称之为现代的兄弟关系。

或饮食　或坐走　长者先　幼者后

[译文]

不论饮酒还是吃饭，不论坐下还是行走，都应该让年龄大的人在先，年龄小的应该在他们后面，以此来表示对长者的尊敬。

[解说]

尊老敬长是中国的传统礼仪，是对青少年的基本要求。只要有尊长在场，不论饮酒还是吃饭，不论座谈还是行路，都要尊老敬长，入座、饮酒、吃饭、发言、行路等一切事情，都要尊长居前，年轻人要懂得礼貌，主动跟在尊长的后面。不论过去还是现在，这些都是年轻人应该懂得的基本礼仪。可是，在现实生活中，人们常常会看到一些年轻人在公共汽车上争抢座位，走路开车见到老人不知道礼让，饮酒吃饭不知道主宾位置和上席下席，吃完饭后不懂得让尊长先走，等等，诸多现象表明，许多年轻人并不懂得尊老敬长的基本礼仪。读一读《弟子规》之类的教子弟书，会让许多年轻人懂得这些为人处世的基本礼仪。

长呼人　即代叫　人不在　己即到

[译文]

年长者呼唤某个人，就应该代替他去叫。如果被呼唤的人不在，就应该自己到长者面前，问一问有什么事儿，看自己是否可以代办。

[解说]

尊老敬长表现在生活的许多方面，表现在许许多多的日常小事上。如尊长有事要呼唤某人，不可能扯开喉咙大喊大叫。如果年轻人在身旁，就应该主动代替尊长去呼唤，如果距离较远，呼喊声听不到，就要主动去找那人来回应尊长。假如那人不在，就要问一问尊长找那人有什么事，自己是否可以代为办理。

称尊长　勿呼名　对尊长　勿见能①

[注释]

①见：音 xiàn，表现，显示。

[译文]

称呼尊长，不要直呼其名；在尊长面前，不要显示自己的能耐。

[解说]

现实生活中，有不少年轻人不注意细节问题，需要和尊长说话时，常常是直呼其名，根本不管对方年龄比自己大了很多。这是不懂礼貌的表现。称呼尊长，要称先生、称前辈，或者称职务或官衔，既不能直呼其名，也不能称"老×"。如果对尊长直呼其名，会显得没有教养。在尊长面前，要谦恭有礼，不要随便显示自己的能耐，不然会给人骄傲自大之感。这其实是在教育年轻人要内敛，不要锋芒毕露，咄咄逼人。但是，如果换一个角度看，年轻人愿意表现自己，展现自己的长处，也为尊长了解年轻人提供了机会。所以，对年轻人的自我表现，不能一概而论。战国时期毛遂自荐，至今仍传为佳话。

路遇长　疾趋揖①　长无言　退恭立

[注释]

①疾：小步快行。揖：即作揖。古代宾主相见，拱手行礼，称为作揖。

[译文]

路上遇见尊长，应该小步快行来到他面前作揖施礼；尊长如果不说话，就要退在路的一边，恭敬地站立，目送尊长走过去。

[解说]

对于尊长，不论在何时何地遇见了，都要恭敬待之。走在路上，与尊长打了照面，要恭恭敬敬地小步快行到尊长面前，拱手行礼，表示问候。尊长如果不说话，不要没完没了，拦住说个没完，要恭恭敬敬地退靠在路边，目送尊长走过去，然后才可以走自己的路。这是在路上与尊长相遇时的礼仪。

骑下马　乘下车　过犹待　百步馀

[译文]

如果是骑马在路上遇见尊长，应下马和尊长打招呼；如果是乘车时遇见尊长，要下车和尊长打招呼。然后要等尊长先过去，待尊长过去百步之外，才能再骑马或是上车。

[解说]

在途中不期而遇时，对尊长的尊重和恭敬也有特定的表现。如果你是骑着马，那就要下马，主动和尊长打招呼，向尊长表示问候；如果你是乘车，就要下车，向尊长表示问候。骑在马上或是坐在车上和尊长打招呼，不仅不够尊重，而且还是缺少教养的表现。问候之后，不能急着上马或是上车，要恭敬站立，目送尊长走过去，待尊长走远了，才能再骑马或是上车。现代社会，生活节奏很快，路上遇见了尊长，打个招呼就急忙赶路的情况很普遍，也很正常。如果尊长走过去了，并且已经走了很远，有人还在那里目送，很多人都会感到奇怪，甚至会产生其他的想法。

长者立　幼勿坐　长者坐　命乃坐

[译文]

长者若是站立，年幼的人就不要坐下；长者坐下后，让你坐的时候才能坐下；长者如果没有让你坐，就应该继续站立。

[解说]

这是侍奉尊长坐立时的礼仪。年轻人和尊长在一起时，要处处表现出对尊长的恭敬和尊重。尊长如果站立，年轻人就不能先自己坐下来，要恭敬地等候尊长入座。尊长坐下之后，要等候尊长的命令，让坐下时才可以坐，没有让坐下，就不能自作主张，擅自坐下，而应该继续恭敬地站立。通常情况下，尊长是不会让年轻人长时间站立侍奉的。传统礼仪讲究尊老，也讲究爱幼。

尊长前　声要低　低不闻　却非宜

[译文]

在尊长面前，说话声音要低。但是声音低也要有个度，以能够让尊长听见为宜。如果低到尊长听不到你说的话，那又不合适了。

[解说]

这四句讲的是如何与尊长说话。怎样说话，人们一般不会太在意。但是，如果和尊长说话，就很有讲究了。说话时声音要低，不要粗声大气，高声急促都是要不得的。声音低也有个度，以尊长能够听到为宜，如果声音太低，尊长听不到，或是虽然听到了，却是模模糊糊，分不清说的是什么，那就不合适了。

进必趋　退必迟　问起对　视勿移

[译文]

见尊长的时候一定要小步快走，离开时步子一定要慢一些。尊长向你问话，一定要站起来回答。回答时要直视尊长，不要东张西望，目光飘忽不定。

[解说]

这四句讲的是年轻人会见尊长时应该注意的事项。与尊长见面的时候，见到尊长时一定要小步快速前行，以表示尊重。不能慢慢吞吞，表现出无所谓的样子。见面之后，尊长向你发问，譬如问你是哪里人，在哪里读书，家里有些什么人，在哪里供职，有什么特长，等等，都要站起来回答。回答问题的时候，要平视对方，目光柔和凝视，不要东张西望，心不在焉，也不要表现出惶恐不安或紧张的样子。这些要求，对如今的年轻人会见尊长或是求职，都是有帮助的。

事诸父[①]　如事父　事诸兄　如事兄

[注释]

①诸父：伯父和叔父，泛指与父亲同辈分的人。

[译文]

同族的人都是有血缘关系的亲人，因此，侍奉同族的伯伯和叔父，要像侍奉自己的父亲一样；侍奉同族的各位兄长，要像侍奉自己的兄长一样。

[解说]

中国古代是小农经济和家族式社会。在一个大家族中，同样辈分的人有许多，所以，年轻人会有许多父辈或兄长辈的人。对于他们，则应以父兄之礼待之。只要是一个家族的人，侍奉父辈的人就要像侍奉父亲那样；侍奉兄长辈的人，就要像侍奉兄长那样。现代社会，核心家庭居多，兄弟众多、子女众多的现象很少见了。但等同于父辈或兄长辈的人也不少，年轻人为人处世，可以把这样的道理推己及人。倘能如此，这个世界上就会多一些关爱和同情，少一些争斗和倾轧。

谨①

朝起早　夜眠迟　老易至　惜此时

[注释]

①谨：本意是寡言少语。此指谨言慎行。古人以为言多有失，所以，说话做事要十分谨慎。

[译文]

早晨要早早地起床，晚上睡觉要晚一些。人的一生很快就会过去，从幼年到老年，是转瞬即至的事情，所以应加倍珍惜眼前的时光。

[解说]

民间有句俗话：说话多了得罪人，磕头多了得罪神。一个人说话多了，必然会有意无意涉及到一些人，甚至会伤害到一些人。哪怕是正面的评价，也可能会引起误会。假如再出现说者无心、听者有意的情况，就可能引起更多的麻烦。所以传统文化常常教导人们要谨言慎行。这里所说的"谨"，主要是针对青少年，要求他们行为举止、衣服装束、日常生活要端庄恭敬，有条有理，不能随随便便、杂乱无章。人的一生很短暂，如果稀里糊涂地过，或者再偷些懒，整日无所事事，等到了满头白发的时候，才感慨一生一事无成，已经晚了。所以，人生要勤快一些，勤奋一些，勤劳一些，要珍惜有限的时光，以免有"少小不努力，老大徒伤悲"之慨。

晨必盥　兼漱口　便溺回　辄净手

[译文]

早晨起床后一定要洗脸漱口，大小便之后应立即把手洗干净。

[解说]

人的一生要有良好的生活习惯。良好的生活习惯从哪里来？在于幼年时期的家庭教育。譬如说早睡早起，譬如说黎明即起，洒扫庭除，再譬如说饭前便后要洗手，睡前洗脚漱口，早上起来要洗脸，等等，这都是自幼就应该养成的生活习惯。这些生活习惯，最早来自父母的言传身教，来自启蒙时期接受的教育。良好的生活习惯一旦养成，就要坚持，哪怕生活再紧张，工作再忙，也要坚持下来。

冠必正　纽必结①　袜与履　俱紧切②

[注释]

①纽：原指器物上用以悬挂或提起的部分。此处指扣合衣物的片、带或球状物。②紧切：紧要密切。此处为系紧的意思。

[译文]

帽子一定要戴端正，衣服的扣子一定要扣上。袜子带和鞋带都要紧紧地系好。

[解说]

这四句所说，也属于良好生活习惯的一部分。人的精气神体现在哪里？体现在气质、衣着和精神状态。如果帽子歪戴着，纽扣错扣着，鞋子拖拉着，鞋带似系似不系，袜子穿一只少一只，那是什么形象？典型的二流子和泼皮无赖，那就是西方的嬉皮士。冠带衣着看似小事，实际上反映出一个人的精神面貌和受教育程度。所以，帽子一定要戴正，衣服的扣子要扣上，鞋袜的带子要系紧。不能以为这是个人生活小事，无关紧要。

置冠服　有定位　勿乱顿　致污秽

[译文]

帽子和衣服都要放在一定的地方，不要随便乱扔。随便乱扔不仅会把衣冠弄脏，而且还会把家里弄得很乱。

[解说]

良好的生活习惯表现在生活细节上：回到家中，脱下的衣服、帽子要挂在衣架上，鞋子也要放置在固定的地方，再穿戴时就用不着到处去找，这是良好的生活习惯。如果一进家，就把脱下来的衣服、帽子、鞋子随处乱扔，不仅会把干净的衣服弄脏，而且还会把家里弄得很乱。遇有急事，需要穿戴时，一时又难以找到。年轻人如果有这样的坏习惯，要尽可能地改掉它。

衣贵洁　不贵华　上循分　下称家

[译文]

衣服贵在整洁，不贵在华丽。面见尊长和上级时，穿衣服要和辈分、等级相对称；对下而言，要和家庭地位及经济状况相适应。

[解说]

衣着打扮最能反映一个人的文化教养。哪怕你穿的衣服不是很名贵，用料不很讲究，甚至连新衣服也不是，但只要你的衣服干净整洁，胖瘦得体，大小合适，样式入时，就会为你的形象加分；如果衣服很名贵华丽，但大小胖瘦不得体，又与身份不相符合，就有可能喧宾夺主，穿起来同样不那么好看。所以，穿衣不在名贵华丽，而在干净得体，在与身份地位相称，在与经济状况相适应。在中国古代，衣服的颜色样式还有等级之分，平民百姓只能穿布衣白衣，官宦之家才可以穿锦绣绸缎，王公贵族则可以穿绣有各种图案的锦袍。如果所穿衣服与身份地位不符，轻则被视为不懂礼仪，严重者则可能触犯刑律，甚至招来杀身之祸。当今社会，穿衣戴帽，各有所好，只要买得起，无论穿什么样的衣服，都很少有人干涉。上个世纪，所谓的奇装异服曾经令一些人惊讶不已，后来逐渐也就适应了。如今的穿戴，可以说是色彩各异，个性鲜明，很少有人表示讶异。

对饮食　勿拣择　食适可　勿过则

[译文]

对于饮食，不要挑挑拣拣。吃饭应该适量，不能吃得太饱，太饱对身体没什么好处。

[解说]

喜欢吃什么，不喜欢吃什么，本是一个人的自由。比如有人喜欢吃素，不喜欢吃荤腥的食物，那很正常，别人没有必要说三道四。但是，如果在吃饭时，在饭菜中挑挑拣拣，专挑喜欢吃的，把饭菜拨弄得乱糟糟的，那就不仅仅是喜欢吃不喜欢吃的问题了，而是缺少教养的表现。对于不喜欢的饭菜，可以不吃，但不要在饭菜中乱扒乱挑。即使是喜欢吃的，也要有节制。有喜欢吃的就吃个撑死，没有喜欢吃的就宁愿饿肚皮，这不是一种好习惯。

年方少　勿饮酒　饮酒醉　最为丑

[译文]

年轻的时候不要饮酒，因为此时血气方刚，容易斗气逞勇。喝酒喝醉了，那是最为出丑的事，会让人觉得你缺乏教养。

[解说]

饮酒的目的，是通过饮酒来完成礼仪的仪式和程序，所以古人说酒以成礼。对于饮酒，古代礼仪有明确的规定，什么样的人能饮，可以饮多少，什么样的人不能饮，《礼记》中规定得明明白白。未成年的人是不能饮酒的。因为饮酒会伤害身体，对年轻人的发育和成长都不利。同时，年轻人血气方刚，饮酒不知节制，容易喝醉。一旦喝醉了，容易因酒乱性，做出不道德的事情，甚至会好勇斗狠，惹是生非。当然，对于饮酒，不同的人有不同的认识。该不该饮，饮多少合适，都要因人而异，不能一概而论。

步从容　立端正　揖深圆　拜恭敬

[译文]

步行时要从从容容，站立时要端端正正。施礼作揖时，前身要弯下去，呈现深圆形；行拜见礼时，要恭恭敬敬。

[解说]

一个人所受的教育，具备的文化教养，从行走、站立这样的小事情上都能看出来。走路要从从容容，不急不缓；站立的时候要端端正正，所谓站如松，要挺直腰杆，精神抖擞。如果哈腰斜倚，松松垮垮，样子不端，那就是缺少教养的表现。见到尊长时，施礼作揖，上身要弯下去，呈现出深圆形；拜谢尊长时要恭恭敬敬。如果施礼作揖时，上身弯不下去，就会给人敷衍了事或倨傲之感，即使行了礼，也同样给人缺少教养的印象。

勿践阈① 勿跛倚② 勿箕踞③ 勿摇髀④

[注释]

①阈：音yù，原意为门坎儿，这里指界限或范围。②跛倚：依靠于物，站立不正。指样子不端庄。③箕踞：两脚张开、双膝弯曲而坐。其坐姿像簸箕，故称箕踞。这是一种很不礼貌的坐姿。④髀：大腿，也指股骨。

[译文]

不该进的地方，不要进去。站立时不要把重心放到一条腿上，另一条腿斜伸着；坐的时候，不要两脚张开、双膝弯曲像簸箕那样，也不要摇摆髀骨，不然会显得很不礼貌。

[解说]

有良好教养的人，站有站相，坐有坐相。在站立和坐下这些生活细节上，同样都十分重视，虽非刻意要求，却能习惯成自然。"站如松，坐如钟，行如风，睡如弓"，人们常常用这些话来称赞那些有道高僧。其实，在生活中，人们也应该养成这样的习惯。站立时不能斜靠在物体上，不能把重心放在一条腿上，另一条腿斜伸着，那样会显得不够端庄。坐的时候也要讲究坐姿，如果是坐在席褥之上，应盘腿而坐，把脚隐藏在腿下，不能大张双腿，两脚向外，那会显得很不礼貌；如果坐在椅子上，要双腿并拢，上身挺直，双手置于腿上，目视前方，不能摇摆髀骨，左转右转，因为那样同样会显得没有礼貌，缺少教养。

缓揭帘 勿有声 宽转弯 勿触棱

[译文]

进门的时候，掀门帘要慢一些，不要发出声音。转弯的时候，要转大弯，不要转急弯，不然的话会碰住墙角物棱。

[解说]

这四句说的都是生活中再基本不过的常识。人们平时都注意到了，可以说已经习以为常，对成人来说再作叮嘱，似乎没有必要。但对少年儿童来说，教给他们这些常识，还是很有必要的。譬如进门的时候掀门帘，就要缓缓掀起，不能匆匆忙忙，弄出很大的响声。少年儿童对这些没有经验，而且少不更事，急于进门，不会注意到门里是否有人，人们在干什么，匆匆忙忙闯进门去，可能会对大人造成不必要的干扰。虽然都是常识，对少年儿童还是有必要教育的。

执虚器　如执盈　入虚室　如有人

[译文]

手执空虚的容器，要像执盛满东西的容器一样谨慎；进入没人的房间，要像进入有人的房间一样，不可因为没人而有所放肆。

[解说]

不论做什么事情，都要认认真真，都要格外谨慎，要以临渊履薄之心待之，正所谓小心无大差。譬如手执空的容器，很多人都不会太在意，而正是这种不在意，容易造成意外事故。所以，即便是手执空容器，也要像执盛满东西的容器一样小心谨慎；同样，进入没人的房间，也应像进入有人的房间一样小心谨慎。为人谨慎，做事谨慎，就会少出纰漏。

事勿忙　忙多错　勿畏难　勿轻略

[译文]

遇到事情不要慌忙，慌慌张张容易出错。遇到事情不要有畏难情绪，但也不要不把它当回事儿，而应认真去对待。

[解说]

现实生活中有这么一些人，遇到一点事情就紧张得不得了，遇到大事，更是心跳加快，头冒虚汗，一时手足无措，不知如何是好。殊不知，越是紧张和忙乱，就越容易出错，越难以把事情办好。俗话说"忙中出错"，说的就是这个理儿。所以，遇到事情不要紧张慌乱，不要有畏难情绪，也不能麻痹大意，根本不当回事儿，而应从容淡定，镇静自若，要有"泰山崩于前而面不改色"的镇定，沉着应对，认真处理。

斗闹场　绝勿近　邪僻事① 　绝勿问

[注释]

①邪僻：又作"邪辟"，悖谬乖戾，品行不端。

[译文]

打斗喧闹的场所，绝对不要靠近；奸邪怪僻的事情，切记不要因好奇而去打探。

[解说]

年轻人喜动，喜欢热闹，喜欢好勇斗狠。正是因此，年轻人一定要远离青楼、赌场、闹市等打斗喧闹的场所，对这些地方不要有好奇之心。要行得正，坐得端，对奸邪怪僻之类的事情，不仅不要做，而且应该问也不问，因为许多是非都是好热闹和好奇心惹出来的。

将入门　问孰存　将上堂　声必扬
人问谁　对以名　吾与我　不分明

[译文]

快要进门的时候，要问一问：家中有谁在；快要进屋的时候，问话的声音应该大一些，让屋里的人能够听见，知道有人来了，好做准备。别人如果问你是谁，要回答自己的名字，不要说"我"或是"吾"，因为那样回答别人不容易分辨你到底是谁。

[解说]

到一个新的地方，将要进门时，有很多注意事项，也有很多讲究。首先，快要进门的时候，要先问一问：家中有人吗？谁在家中？等人家开门迎接进去，快要进入正堂的时候，说话的声音要高一些，让屋子里的人能够听见，知道客人马上就要进入正堂了,以便做好准备,到门口迎接。敲门的时候,对方问是何人造访,一定要回答姓名,这样的话人家就知道是谁来了,家人好去通报,以便主人决定要不要接见。如果只是回答一个"我"字,人家分辨不出来你究竟是谁,家人也不好通报。古代社会,自称通常称自己的名,别人则通常称你的字或是号,而不直呼其名,因为那样不礼貌。所以,造访的时候,往往要持一名帖,类似现在流行的名片,上写名、字、号、职业、官衔等,以方便家人通报。敲开被造访者的家门的时候,主动递上名帖,说明造访的理由。这是必要的程序和礼仪。

用人物　须明求　倘不问　即为偷
借人物　及时还　后有急　借不难

[译文]

使用别人的东西,必须明明白白地向人求借。假如不问一声就拿去用,那就和偷没有什么两样。借用别人的东西,用过后要及时归还。以后如果有急用的时候,再向别人借也就不难借了。

[解说]

俗话说"好借好还,再借不难"。向人借东西,应主动上门,说明借的理由,征得主人同意,明明白白地借,大大方方地还。如果一时急用,也要打个招呼,不能问也不问,拿来就用。那就形同于偷。即使用后归还,那也是先失礼数在前,是不可取的。借人的东西,使用要爱惜,用过要及时归还,不要以为过几天还要用,先暂时放在自己家里,等下次用过后再还。别人家既然准备了这种东西,肯定是有用的,如果等人家用时来要,那就不好了。好借好还,下次再借也就不难了。

信①

凡出言　信为先　诈与妄②　奚可焉

[注释]

①信：说话诚实，真心诚意。②妄：荒诞不合情理。

[译文]

不论说什么话，一定要以"信"字为先，不可信的话、不诚实的话，都不要说。至于欺诈之语和胡言乱语，都是违背"信"字的，怎么能够随便说呢？

[解说]

"信"的结构是人字旁一个"言"字，是一个会意字。它告诉人们，说话要算数，要说到做到。"信"是人们安身立命的根本，所谓"人而无信，不知其可也"、"君子一言，驷马难追"、"言而有信"、"一言九鼎"，等等，都是要求人们说话算数，为自己说出的话承担责任。在儒家纲常伦理中，"信"为"五常"之一，与仁、义、礼、智并列。儒家思想是传统文化的主干，历代启蒙读物在教育幼童时，无一例外地要把"信"作为最主要的内容。本节主要是教育少年儿童自幼就要以诚信为本，以信义立身，不做不讲信用的人。不讲信用的人，在礼仪之邦很难有立身之地。

话说多　不如少　惟其是　勿佞巧
奸巧语　秽污词　市井气　切戒之

[译文]

说话多了容易招惹是非,所以多说话不如少说话。讲话就一定要讲真话讲实话,不要说那些讨好卖乖的话,更不要讲污言秽语。不讲实话,巧言令色,或是满口污言秽语,都是市井之气的表现。这样的恶习一定要坚决戒除。

[解说]

儒家文化讲究中庸,讲究内敛,讲究和合。在这样一种文化氛围下,言多必失就成为一种共识。所以,古人不厌其烦地谆谆告诫:要少说话。既然言多必失,还说那么多的话干什么?要说就说实话,说有把握的话,说真话,不要说那些讨好卖乖的话,阿谀奉承的话,吹牛拍马的话。有身份有教养的人,以讨好卖乖、阿谀奉承、污言秽语为耻,视之为市井流氓习气的表现,这样的市井习气沾不得,要不得,应坚决摈弃。

见未真　勿轻言　知未的①　勿轻传

[注释]

①的:音 dí,准确,确凿,真实情况。

[译文]

不是亲眼所见,或者是没有看见真实的情况,不要轻易发言。知道了某件事,但不了解真相,就不要轻易传播。

[解说]

俗话说,眼见为实,耳听为虚。对于社会发生的事情,不是亲眼所见,就不要轻易发表评论;即使亲眼看见了,但如果看得不够真切,也不能随意发表评论,更不能轻易传播。世界上以障眼法遮蔽人们耳目的事情颇多,譬如魔术,都是在人们的眼皮子底下发生的。人们明知那是魔术师玩的骗人把戏,但魔术师把魔术玩得比真的还真。这种情况下,即使是亲眼所见,也不敢说是真实的。"眼见为实"这句俗话,在现代社会要经常打个问号。亲眼所见的尚且不敢轻易相信,更何况道听途说的"路透社"消息呢?所以,许多事情既不能姑妄听之,更不能姑妄言之。

事非宜　勿轻诺　苟轻诺　进退错

[译文]

不应该或不能做的事情，就不要轻易答应别人的请求。假如轻易答应了别人的请求，做也不是，不做也不是，到时候真是进退两难。

[解说]

传统文化一再教导人们要诚信，要言而有信，不能言而无信，出尔反尔。但言而有信有个不容忽视的前提，那就是答应做的事情一定是力所能及的和应该做的。如果别人要求你做的事情，是你的能力所无法达到的，或是违背社会公德，甚至是违法乱纪的，那就不能轻易答应，不能随便承诺。如果不论自己是否有能力，也不论事情是否合乎道德规范，就出于哥们义气，随随便便地答应，到时候作难的不是别人，而是你自己。答应的事情应该做，但做也不是，不做也不是，进退两难，左右不是。所以，不要轻易承诺别人，尤其是不能轻易承诺不能做或无法做的事情。

凡道字　重且舒　勿急疾　勿模糊

[译文]

凡是与人说话，声音应该厚重，而且还要舒缓，不能太快太急，不要模糊不清。

[解说]

与人说话也有一定的要求。有人认为，与人说话，只要把话说清楚就可以了，其实远不是这么回事儿。汉语言分四声，讲清浊，有轻重。说话的时候，既要分别四声，又要轻重适宜。说话吐字应轻重分明，而且应不疾不徐，不快不慢，掌握好节奏和韵律。说话太慢，轻重音不分，则表达不清楚；说话太急促，字词之间没有节奏，会让听者糊里糊涂，不知道你在说些什么。

彼说长　此说短　不关己　莫闲管

[译文]

世上发生的许多事情,那人说好,这人说不好,各有各的看法。只要是和你没有关系,就不要去管张家长李家短之类的闲事。

[解说]

人前哪个无人说,人后谁人不说人。人生在世,总免不了被人品头论足,也免不了要议论别人。对这样一种人生常态,儒家的基本态度是,面对张家长李家短之类的议论,只要和自己没有关系,就任由别人去说长道短,任由别人去议论,闲事莫管,免生是非。这是一种明哲保身的做法。虽然有利于自保,却不利于社会发展,不利于实现社会正义。在人们追求社会公平正义的当今社会,这种做法是不足取的。

见人善　即思齐①　纵去远　以渐跻②
见人恶　即内省③　有则改　无加警

[注释]

①思齐:考虑赶上去,向前行者看齐。②跻:登上,达到。③内省:内心自我反省。

[译文]

看见别人做好事,就要想着如何向他们学习,向他们看齐。纵然觉得和他们相比有很大的距离,只要坚持下去,就会逐渐赶上;看见别人做坏事,就要自我内心加以反省,看自己是否做过类似的坏事,如果做过,就要马上改正,如果没有做过,就应该加以警惕。

[解说]

为人处世的基本态度,应该是见贤思齐。看到别人比自己能力强,或是看到别人做了好事善事,就应该主动向其学习,争取赶上他。即使和贤者有很大差距,也不要气馁,而应该发愤图强,奋起直追,尽自己的所能去追赶,而不是远远地在后面发感慨。如果只是感慨别人太伟大了,自己太渺小了,进而放弃向贤者学习的努力,那就只能永远陷在渺小的圈子里。同样,看到别人做坏事，就要认识到坏事的危害性和破坏性，从而内心加以反省，绷紧警惕之弦，真正做到有则改之，无则加勉，避免重蹈别人的覆辙。覆车之鉴，不可以不警惕啊！

惟德学　惟才艺　不如人　当自励
若衣服　若饮食　不如人　勿生戚

[译文]

只要是在道德、学问、才能、技艺等方面有不如别人的地方，就要刻苦用功，努力磨炼，向比自己强的人学习；如果是在衣服、饮食等生活方面不如别人，就不要因此而感到悲伤。

[解说]

一个人生活在世界上，总是自觉不自觉地要和身边的人进行比较，比生活，比学习，比家庭，比收入，比地位……一切可进行对比的事情，都可能进入对比的范围。有比较才有鉴别，有比较才有进步。正确的态度是比德才、学问、修养、技艺的高低，如果在德才、学问、修养、技艺等方面和别人有差距，就要自我砥砺，刻苦自强，努力赶上去。如果只是在生活上和别人有差距，譬如衣服不如别人的华丽，饮食不如别人的精细，房屋不如别人的高大，职务不如别人的高，那就完全没有必要放在心上，更不要因此而悲悲戚戚，心情沉重。因为生活的贫困，通过自己的努力可以改变。即使一时无法改变，但只要你的道德、学问、才能、技艺超过别人了，人们同样会对你刮目相看，绝不会因为你的物质条件不如别人而轻视你。

闻过怒　闻誉乐　损友来①　益友却②
闻誉恐　闻过欣　直谅士③　渐相亲

[注释]

①损友：对自己的思想品行产生不良影响的人。②益友：对自己的思想品行、工作学习有帮助的人。③直谅士：正直敢谏的人。

[译文]

听到批评你的话就恼怒，听到赞扬你的话就高兴，这样一来，那些对你的思想品行产生不良影响的人就会主动找上门来，对你的思想品行和工作学习有帮助的人就会自动地离你而去；听到别人的赞扬就感到惶恐，听到别人指出自己的不足就感到高兴，这样的话，正直敢谏之人就会慢慢地和你亲近。

[解说]

对待批评和赞扬的态度，不仅反映出一个人的教养和修养，而且可以看出一个人究竟是要求上进，还是我行我素。如果听到批评的话就勃然大怒，以为别人是在跟自己过不去，听到赞扬的话就喜形于色，引为知己，那么，这样的人肯定难以进步。因为闻过则怒，就没有人愿意和你说真话；闻誉则喜，就会有人阿谀拍马。这样一来，那些阿谀奉承、吹牛拍马的人就会找上门来，而直言敢谏之士就会望而却步，离你而去。身边如果都是一些谄媚之人，你怎么能够进步呢？相反，如果听到赞美之词就诚惶诚恐，如同临渊履薄，听到批评的话就能从中发现自己的不足，并因此而高兴，那么这样的人就是有自知之明的人，是努力追求上进的人，是永远不为已经取得的成绩而满足的人。一个人品质如此，修养如此，那些正直敢谏之士自然就会和你亲近，你也会因此而从中受益。一个人生活在世界上，需要益友，不需要损友；需要诤友，不需要谄友。益友和诤友多了，你的思想境界和道德修养自然会随之提高。

无心非　名为错　有心非　名为恶

[译文]

只要不是有意识地去做不好的事情，即便做了，只能算是做了错事；如果有意识地去干坏事，那就是作恶了。

[解说]

现代刑法在确定疑犯是否犯罪的时候，非常注重动机、过程和后果的一致性。有动机，有犯罪实施过程，同时又有犯罪后果，三者完全一致，才可以确定罪行。人犯错误同样如此。有的人做事情很认真，兢兢业业地想要做好，结果却是好心办了坏事。像这样的情况，即使后果比较严重，但因为其动机和出发点是好的，只是动机和效果发生了矛盾，所以只能说是犯了错误，不能说是做了坏事。如果某人存心做坏事，动机就不端正，那就是有意为恶了。有没有动机，怎样的动机，是判断做错事和做坏事的重要前提。评价某人某事优劣好坏，应该注意这一点。

过能改　归于无　倘掩饰　增一辜①

[注释]

①辜：罪过，罪行。

[译文]

有了过错而能够改正，从中汲取教训，过错也就变成了好事；如果做错了事情还有意识地去掩饰或隐瞒，那就是罪上加罪了。

[解说]

人非圣贤，孰能无过？人们生活的社会很复杂，面临的局势与环境也是千变万化，在这样的情况下，谁能保证不犯错误，不做错事？人有错不可怕，有错就改，有错必纠，就可能吃一堑长一智，所谓失败乃成功之母。如果是年轻人，犯错误就更没必要大惊小怪了。年轻人阅历不深，经验不丰富，应对复杂局面的本领不够强，犯了错误，情有可原。所以有人说：年轻人犯错误，上帝也会原谅的。但是，如果讳疾忌医，犯了错误之后，千方百计要掩饰，唯恐别人知道，甚至固执己见，强词夺理，那就是错上加错，甚至是罪上加罪了。犯错误不可怕，汲取教训，及时改正就是了。

泛爱众①

凡是人　皆须爱　天同覆②　地同载

[注释]

①泛爱众：博爱大众。本节主要讲如何立足自身，博爱大众。每个人不论高低贵贱，不论贫富穷达，不论身份地位，不论贡献大小，都需要别人的关爱，也都应该去关爱他人。②覆：遮盖，遮蔽。

[译文]

只要是人，每个人都需要关爱。人们生活在同一个蓝天下，居住在同一个地球上，要相互关爱，爱那些给过你关爱的人，也要爱那些曾经给你造成某种伤害的人。

[解说]

生活在世界上的人类，尽管可以分为不同的种族、不同的国家，可以有不同的肤色、不同的信仰，但在需要关爱这一点上，却没有什么不同。人人都需要关爱，人人都应该关爱别人。人们之间有了关爱，有了相互同情和理解，这个世界就会少了许多矛盾，少了许多战争，少了许多残酷的拼杀打斗。有句歌词说得好："只要人人都献出一份爱，世界将变成美好的明天。"

行高者　名自高　人所重　非貌高
才大者　望自大　人所服　非言大

[译文]

行为高尚的人，名声自然就会高。人们敬重某人，不是因为他的相貌有超乎常人之处，而是因为他行为高尚。才能出众的人，名望自然就要比别人高。人们佩服某人，不是因为他说了什么大话，而是因为他具有出众的才能。

[解说]

一个人靠什么提高自己的名气和声望？不是相貌，不是财富，不是权势，更不是拳头和刀枪。靠的是德行、才能和对社会的贡献。德行高尚的人，不言自高，不怒而威。德行高尚，自然会受到人们的敬仰，受到社会的尊重，名声会不胫而走。一个人如果才高八斗，学富五车，才能出众，想不出名都难，声望自然会很高。中国历史上许多出将入相的人物，出仕前已经是众望所归。诸葛亮隐居隆中，却是名重天下，引得刘备折节前往，三顾茅庐；东晋谢安才高天下，却是东山高卧，不愿出来做官，以至于有人说："安石（谢安字）不出，其奈苍生何！"后来，谢安出山，淝水之战，以少胜多，一战定乾坤。对于这样一些才能出众的人，人们信服他，赞美他，并不是因为他口出狂言，向世人许下了天大的愿，而是因为他们依靠自己的非凡才能为世人做了许许多多实实在在的好事。对这样的人，人们会敬重他，并且会永远记住他。

己有能　勿自私　人所能　勿轻訾①

[注释]

①訾：毁谤，非议。

[译文]

自己有能力，就不要把才能当作自己的本钱，要无私地把能力奉献出来；别人有能力，不要轻易地非议或贬损，不然就会有嫉贤妒能的嫌疑。

[解说]

人生活在世界上，没有才能会被人瞧不起，让人觉得你没有能耐，办不成什么事。有的人很有才能，却是藏而不露，不愿轻易向外人展示。这样的人要么是韬光养晦,要么是不与世事。但是,社会要发展,人们要生活,文明要进步。如果有才能而不愿意奉献给社会,而是自矜其才,或者是视为私有,那么这样的才能是没有多少实际意义的。反过来,别人有才能,对社会贡献很大,不要以为别人是卖弄,是显能,也不要轻易地非议,对别人取得的成就说三道四。要有容人之量,有爱才之心,否则就会被视为嫉贤妒能,害了"红眼病"。

勿谄富[①] 勿骄贫 勿厌故 勿喜新

[注释]

①谄:巴结,奉承。

[译文]

不要巴结奉承富人,也不要在穷人面前骄横;不要讨厌交往多年的老朋友,也不要偏爱刚刚结交的新朋友。

[解说]

骄贫媚富,喜新厌旧,是世俗常态。一些人见了有钱人就点头哈腰,腰直不起来了,骨头变软了,说话也没了底气,甚至极尽溜须拍马、阿谀奉承之能事。其目的不外是想引起有钱人的注意,博得一丝好感,沾点有钱人的光;而对于贫穷的人,则横眉怒目,骄横无比。对这类人,人们称之为嫌贫爱富的"势利眼"。尤其是当今社会,物欲横流,许多人都钻进了钱眼里,到处都能找到这类"势利眼"。儒家文化推崇富贵不能淫,威武不能屈,反对嫌贫爱富,媚富骄贫。所以,在幼童的启蒙教育中就早早地灌输"勿谄富,勿骄贫"的思想观念。

物惟求新,人惟恋旧,这也是世俗常态。新的事物光鲜明亮,富有朝气,给人喜庆向上之感,容易引起人们的喜爱。旧的事物或时过境迁,或老态龙钟,或破旧不堪,缺少生气,难以引起人们的兴趣,所以容易招人讨厌。从这个意义上说,人们喜新厌旧,有其合理性。但如果是交朋友,就不能这样了。人的一生,会有不少老朋友,也会不断结交新朋友,但不论对于新朋友还是对于老朋友,都不能从实用的角度出发去交往,而应本着朋友之情。同志为朋,同师为友。朋友是建立在共同的志趣和爱好之上的。如果没有共同的志趣和爱好，而仅仅是物质金钱的交往，或者仅仅是酒桌上的往来，那只能是狐朋狗友，不能称为真正的朋友。

人不闲　勿事搅　人不安　勿话扰

[译文]

在别人繁忙不得安闲的时候，不要再用另外的事情去打搅他；在别人焦躁不安的时候，不要再用闲话去烦扰他。

[解说]

生活中总是有那么一些"没眼色"的人，明明看见别人忙得不可开交，偏偏要上去凑趣，用这事那事去打搅，别人只好丢下手中的事情来陪他，搞得别人拒绝不是，驱赶不得；更有甚者，别人明明有烦心事，正在苦恼烦闷之中，有人偏偏要来讨扰，而且专门往别人的烦心事上说，表面上看起来是在关心，实际上却是借此机会寻求自己的心理平衡，甚至是幸灾乐祸。这样的人很让人讨厌，可他们自己又不知趣，百无聊赖地往前凑。人生活在社会上，切记不要做这样没眼色的人。

人有短　切莫揭　人有私　切莫说

[译文]

别人有什么缺点和短处，切记不要向外人揭示；别人不宜让外人知道的私密之事，你即使知道了，千万记住不要对别人说。

[解说]

这四句话都是明哲保身之语。传统文化讲究中庸，讲究明哲保身，告诫人们看到别人犯错误，要保持沉默。对别人的缺点错误，要视而不见，听而不闻，做到"事不关己，高高挂起"。这种态度显然是不对的。别人有缺点和错误，往往是他自己并没有意识到，但旁观者清，身边的人看出来了，只是出于明哲保身的需要而不愿意指出别人的缺点和错误，这实际上是一种不负责任的态度，也不是与人为善的态度。有了缺点和错误，尤其是对年轻人来说，一定要及时指出来，帮助他们改正，这样才有利于年轻人的发展进步。这才是正确的态度。但是，如果是已经过去的事，而且某个年轻人曾经在这些缺点或错误上受过教训，吃过苦头，甚至受到过法纪的制裁，成为此人永远的心痛，那么就不要轻易再掀这本老账，这也是与人为善的态度。至于人们的私密之事，事关个人隐私，不关社会公平正义，即使知道了，也应切记不要对外人说起。尊重个人隐私是社会文明进步的表现。

道人善　即是善　人知之　愈思勉①
扬人恶　即是恶　疾之甚　祸且作②

[注释]

①勉：努力，勤勉。②作：起，兴起，引起。

[译文]

别人做了善事，就应该加以表扬，这其实等于自己也是在做善事。因为做好事的人知道后，会把你的表扬作为鞭策，勉励自己继续努力做好事；别人做了坏事，不要加以宣扬。宣扬别人做的坏事，实际上等于自己是在作恶。因为做坏事的人知道后，会对你更加痛恨，你可能马上就要大祸临头。

[解说]

对待善与恶的态度，反映出一个人为人处事的基本态度，也反映出一个人是否具有社会责任和良知。别人做了对社会对他人有利的好事，要见善思齐，要给予鼓励，要广为宣传。宣传别人做的好事，让更多的人学习和效法，争做善事好事。同时，做好事的人知道后，会更加勤勉，更加努力。这样一来，就可以变一人为善为多人为善。好人多了，善事多了，社会就会越来越好。反过来，别人做了坏事，也不要大肆宣扬。宣扬别人做的坏事，对社会将造成不好的观感，甚至会诱导某些人去做坏事。而且，对坏事感兴趣，从另一个角度反映出宣扬者的心态多多少少有一些阴暗。这样做对人对己都没有好处。正确的态度是劝善扬善，而不要扬恶作恶。

善相劝①　德皆建　过不规②　道两亏

[注释]

①劝：激励，勉励。②规：规劝，劝谏。

[译文]

看见别人做了善事就相互勉励，等于两个人都建立了德业；知道别人有过错而不加规劝，等于两个人在道德方面都有欠缺。

[解说]

鼓励做善事，做好事，实际上等于自己也在做善事、做好事。有人做的善事和好事，你可能做不到，但不能无动于衷，而应给予勉励和支持。一个人如果能够坚持劝善，其思想境界不仅会不断提高，其对社会的责任感也会越来越强。反过来，别人做了错事，要在适当的时间和地点加以规劝，帮助别人改正错误。如果视而不见，不闻不问，任其在错误的路上走下去，不仅会使那人在错误的道路上越走越远，而且表明了自己在道德和道义上有所欠缺。虽然劝人改正错误有时并不是一件快乐的事情，但如果能够让人少犯错误，还是值得去做的。

凡取与　贵分晓①　与宜多　取宜少

[注释]

①分晓：明白，分明。

[译文]

不论索取还是给予，贵在道理分明，索取有索取的道理，给予有给予的道理。但总的原则是给予要多，索取要少。

[解说]

对于社会，对于他人，都应本着多给予、少索取的原则。一个人能否为社会所认可，主要是看其对社会的贡献大小，贡献大了，自然就会被接受被认可。一般来说，贡献大小与报酬多少应该成正比，贡献越大，回报越多。作为个人来说，对社会的贡献应该是越多越好，索取则不应该太多。从大的原则说，给予与索取、贡献与回报应该大体相对应，这样才符合均衡与对等原则。但不论给予还是索取，都应合乎道理，明确为何给予，为何索取。只有合乎道

泛爱众

理的给予与索取，才符合君子之道。

将加人　先问己　己不欲　即速已[①]

[注释]

①已：停止，止息。

[译文]

将要施加给别人的事情，先问一下自己是否愿意做。如果自己不愿意去做，就应该赶快作罢。

[解说]

儒家文化一向主张"己所不欲，勿施于人"。自己不愿做的事情，不要强迫别人去做。准备让别人做的事情，也要先问一问自己是否愿意做。如果连自己都不愿意做的事情，怎么能够让别人去做呢？所以，无论做什么事情，如果牵涉到别人，或者需要别人去做的，一定要先想一想，要反躬自问：真的应该做吗？自己是否愿意做呢？如果人们在做事情，或是在让别人做事情之前，都能够先仔细思考一下，将会消除很多不必要的误会，减少许多不必要的麻烦。

恩欲报　怨欲忘　报怨短　报恩长

[译文]

别人对你有恩，要想着如何回报；对别人有怨恨，应该尽快把它忘掉。报怨的念头越短越好，报恩的想法则应该长久。

[解说]

中国古代有句俗话：一饭之恩必酬，睚眦之怨必报。别人对你有恩，不能抛之脑后，要记住别人的恩德，懂得报恩，常常想着报恩。施恩者有时并非有意施恩，而是出于人之常情，出于同情或怜悯。施的恩也不一定是多么了不起的大恩大德，放在正常情况下可能是微不足道的，但在特定情况下可能就是十分大的恩德。如春秋时期，晋国上卿赵盾外出劝农，在桑翳这个地方遇到一饿夫，赐给他肉食。那人饱餐一顿，扬长而去。后来，晋灵公想害赵盾，危急时刻，一位勇士救了他。赵盾问其姓名，方知他就是桑翳之饿夫灵辄。有些人施恩就是举手之劳,起初并无施恩于谁的意思,固然也就不求报偿。西汉名将韩信最初穷困潦倒,饥饿难耐之时,在河边洗衣的一位老妇人赐给他食物,让他饱餐了一顿。后来韩信建立了盖世奇勋,被封为淮阴侯,以千金酬谢老妇人,老妇人却不接受。明代淮安知府刘大文为漂母祠撰联,赞美漂母:"一饭感韩信,巾帼丛中,早把黄金轻粪土;千秋拜遗庙,淮流堤畔,有谁青眼识英雄。"恩不在大小,而在于受恩之时;报恩不求重金,而在于真心。对于怨仇,即便不共戴天,视如仇雠,但也不能长久放在心上,时刻想着复仇。有怨必报,但不在一时,更何况报怨的方式有许多。恶有恶报。恶人作恶,有时会遭到上天的报应,有时会报在别处。所以,不一定要求手刃仇敌,也不一定要求亲自报复。对于怨仇,不妨看开一点,以不报为报,或者让仇人心里始终有一种愧疚感和恐惧感,那同样是一种报复。但总体而言,冤家宜解不宜结,不能冤冤相报,没完没了。冤冤相报,是一种恶性循环,对个人、对家庭、对社会都是很大的伤害。

待婢仆　身贵端　虽贵端　慈而宽

[译文]

对待奴婢、仆人等下人,贵在自身行为端正。即使自身行为端正,平时注重言传身教,但还是要对他们慈爱宽厚。

[解说]

人与人之间原本没有尊卑贵贱之分,但由于人们习惯于从人的生命意义之外的东西来看待身边和周围的人,譬如财富的多寡,官职的大小,文化水平的高低,社会贡献的多少,甚至地域、国籍、种族、肤色等,过多的社会内容和文化符号一旦和人联系在一起,许多人就很自然地把人分成三六九等,分出了尊卑贵贱。于是乎就有那么一些人自以为高人一等,胜人数筹,处处摆主人的架子,一副唯我独尊的面孔。往深处追究,这些人则是缺少文化教养。传统文化虽然讲究等级,但很注重人情,注重调适人与人之间的关系。譬如主仆之间的关系,主从地位很明确。即使如此,主人在奴婢和仆人面前也不能颐指气使,骄横无礼,更不能不把奴婢和仆人当人看。奴婢和仆人有自己的人格尊严,同样需要尊重。对待奴婢和仆人,不仅自身要行得正,坐得端,而且还要宽厚仁慈，有关爱同情之心。这样才能让他们认识到自己的价值，坦诚与主人相处，真心为主人服务。

势服人　心不然　理服人　方无言

[译文]

靠威势让人屈服，别人表面上看起来是屈服了，但那是屈服于你的威势，心里却不会屈服；通过讲道理让人信服，人们才会心悦诚服，才不会说什么。

[解说]

有理不在言高，有理走遍天下。这本是简单的道理，很多人都懂得。但是，一具体到生活中，总是有那么一些人自以为官高位尊，或是背后有靠山，说话做事总是想压人一头，处处要站在高冈上。遇有争执就要强词夺理，以势压人。殊不知，以势压人纵然可以让人屈服一时，却难以令人心服口服。更何况在法治社会，不仅要讲理，还要守法。如果蛮不讲理，以势压人，人家还可以诉诸法律，通过打官司来讨个公道。要想让人服，必须有理、占理，以理服人。只有以理服人，才能让人心服口服。即使输了，也是输在理上，因而才会心悦诚服。

亲 仁①

同是人　类不齐　流俗众　仁者希②

[注释]

①亲仁：亲近有仁德的人。本节主要讲如何修养仁德，做一个亲近仁德的人。②希：同稀，稀少。

[译文]

同样都是人，但人和人不同。人可以分成各种各类、各色各样的人，同属一类的人，各人的表现也不一样。总的来说，平平常常的人多，世俗之人多，仁德超群的人少。

[解说]

人和人本来没有什么不同，但由于所受教育不同，家庭背景、文化背景、生活经历、人生阅历、理想追求等各不相同，人又可以分为各种不同的类型。就其理想追求而言，可以分为积极型、保守型、上进型、落后型、理想型、务实型等多种；就其人生态度而言，可以分为乐观型、悲观型、生活型、自然型等。即使是同一类型的人，又可分为若干种。不论怎样划分，总是平常人多，世俗人多，真正有道德修养且又能达到很高境界的仁者和贤者，却是少数，能够超凡入圣的人就更少了。正是因此，人们从少年儿童时期开始，就要努力学习儒家思想文化，向圣贤学习，做一个道德高尚的人。

果仁者　人多畏　言不讳　色不媚

[译文]

真正有仁德的人，人们大都会对他有敬畏之心。有仁德的人，说话没有什么忌讳，也不会去讨好谄媚别人。

[解说]

仁者无畏。如果真正是一个道德高尚的人，是一个具备了儒家仁爱之心的人，那么，他一定是不怒而威，具有凛然不可侵犯的威严。人们敬畏他，是敬畏他的高尚道德，敬畏他的仁德，敬畏他的仁者爱人之心。真正有仁德的人，待人以诚，说话没有多少可忌讳的。那些身份高贵的人或者是富有的人，在有仁德的人的眼里，和平常人没有什么不同，绝对不会因为他们身份高贵或是富有就对他们高看一眼，更不会谄媚讨好。仁者无敌。有仁德的人是无所畏惧的。

能亲仁　无限好　德日进　过日少
不亲仁　无限害　小人进　百事坏

[译文]

能够亲近有仁德的人，是最好不过的事情。亲近有仁德的人，道德就会一天天进步，过错就会一天天减少；不亲近有仁德的人，坏处多得说不了。不亲近有仁德的人，小人就会乘隙而入，教唆你做坏事，结果是无论做什么事都做不好。

[解说]

近朱者赤，近墨者黑。少年儿童如同一块没有被漂染过的素绢，洁白无瑕。如果自幼就接受高尚的道德和文化教育，平时多接近那些道德高尚的人，向他们学习，学习他们如何为人处世，如何加强自我修养，那么，这样的人长大之后一定会像那些道德高尚的人一样，以践行儒家的伦理道德为己任，以天下苍生为己任，平时所为亦多是好事善事，对他人的帮助很多，而过错则很少。这样的人虽然不见得能够成为完人，但对社会的贡献却一定超过一般人；反过来，如果自幼耳闻目睹的就是尔虞我诈、坑蒙拐骗、男盗女娼、光怪陆离之类的事情，不接近有仁德的人，整天和那些鸡鸣狗盗之徒在一起，那就如同素绢进了大染缸，想不被污染都很难。长大之后，肯定也是五毒俱全，甚至是无恶不作。所以，古代著名思想家墨子看见染丝而生无限感慨，他说："染于苍则苍，染于黄则黄。所入者变，其色亦变。五入必，而已则为五色矣。故染不可不慎也。"他进而联想到治理国家，认为不仅染丝是这样，治理国家也如同染丝。反复则容易多变，长期耳濡目染则容易习以为常。所以，墨子说："与善人交，如入芝兰之室，久而不闻其香；与恶人交，如入鲍鱼之肆，久而不闻其臭。"环境对人的成长影响如此之大，不能不慎重啊！

余力学文①

不力行　但学文②　长浮华　成何人

[注释]

①余力：指的是在"入则孝，出则悌，谨而信，泛爱众，而亲仁"等方面都做得很好的情况下，还有剩余的精力。本节主要讲少年儿童践行儒家伦理道德规范要和学习文化知识结合起来。在做到孝悌、仁爱、诚信的前提下，如果还有余力，就要努力学习文化知识，通过学习文化知识丰富见识，增长阅历，提高践行儒家伦理道德的本领。②但：只是，仅仅。

[译文]

不去努力实践孝顺、友爱、恭谨、诚信、博爱、亲仁等儒家伦理道德规范，只是学习前人留存下来的文献，浮华就会滋长，长大以后会成为华而不实的人，和儒家伦理道德规范的要求相去甚远。这样的人究竟会成为一种什么样的人，是可想而知的。

[解说]

儒家文化和儒家的纲常伦理，固然需要认真学习，但更需要身体力行，躬身实践。如果仅仅是落实在学习层面，而不能亲身实践，那是远远不够的。仅仅表现在学习层面，只会纸上谈兵，可能说起儒家的思想文化是一套一套的，实践起来却不知所措。长大成人之后，就有可能变成一个华而不实的人，一个言行不一的人。这样的人说的是一套，做的却是另一套，很容易让人瞧不起。所以，对于儒家的思想文化，不能仅仅满足于学习，要在学习的基础上，真正身体力行，努力实践。

但力行　不学文　任己见　昧理真

[译文]

如果仅仅注意到亲身实践，而不去努力学习儒家这些伦理道德规范，不明白其真实含义，听任自己的理解去做，就不会懂得孝顺、友爱、恭谨、诚信、博爱、亲仁的真谛。

[解说]

对于儒家文化，应该学习与实践相结合。仅仅注重学习，而不注重实践，不能努力按照儒家纲常伦理的要求去做，会华而不实。但反过来，如果仅仅注重实践，而不去认真学习，不能深刻领会儒家倡导的伦理道德规范的文化意义，不去学习前人留下来的文献知识，对很多问题就不能真正理解，有可能一意孤行，固执己见，这样的话就无法真正做到在继承的基础上去发展。学习与实践是一个问题的两个方面：学习的目的是要用理论指导实践；实践则是检验学习效果的最好方法，也是检验理论是否正确的唯一途径。学习与实践相结合，是自我完善的必由之路。

读书法　有三到　心眼口　信皆要

[译文]

读书的方法，有"三到"之说，即心到、眼到、口到。心里想到，眼里看到，口中还要读出来。这"三到"是读书的要诀，一定要牢记。

[解说]

学习要有方法。掌握了正确的学习方法，就可能事半功倍；学习方法不正确，则可能是事倍功半。所以，从古至今，人们都很看重读书的方法。《弟子规》总结的"三到"之法，是一种行之有效的方法。按照这样的方法去读书，才能做到专心致志，心无旁骛。心、眼、口三者步调一致，自然可以摒除杂念，免除外界干扰，真正把心思都用到读书上。现在很多人常常抱怨找不到好的学习方法，不知道如何读书才能使效果最佳。所以，不妨按照书中所说，试一试"三到"效果如何。

方读此　勿慕彼　此未终　彼勿起

[译文]

读书要专心致志，刚读到此处，不要想着彼处。这一篇还没有读完，还没有真正领会，就不要去读另一篇。

[解说]

学习有四点是最要不得的。一是好高骛远。刚学习一点东西，就自以为懂得很多了，于是就想着更为高远的东西，结果却是高远的东西没有学到，应该掌握的浅近的知识也荒废了。二是用心不专。学习的时候不能沉下心来，专心致志，集中精力，而是经常被一些杂事琐事所搅扰。尤其是现在的一些年轻人，眼前放的是书，心里却想着电脑、网络、游戏，想着如何和朋友约会，如何找个机会把心里想做而一直没有做的事做好。就像寓言故事"小猫钓鱼"，一会儿捉蜻蜓，一会儿捉蝴蝶，三心二意，把正事都给耽误了。三是虎头蛇尾。不少人刚拿到一本好书的时候，兴致很高，读起来很用心，可是，读着读着就兴味索然，把书扔到了一边。待有了读书的兴致，又拿起另一种书去读。结果是哪一本书都没有认真读，自然也就难以有大的收获。四是喜新厌旧。正在读某一本书，听人说另一本书写得很好，于是就丢下手头的书，去读另一本书。或者是经常买新书，经常看新书，但任何一本新书都没有认真去读，书的精髓和要义一问三不知。正是因此，古人谆谆告诫，读书切记"方读此，勿慕彼。此未终，彼勿起"。

宽为限　紧用功　工夫到　滞塞通①

[注释]

①滞塞：阻滞，阻塞。

[译文]

读书要制订一个时间表，时间表可以宽松一些，但读书一定要抓紧，要勤用功。功夫下到了，许多原来不明白的道理自然就明白了。

[解说]

中国古代教育与现代教育不同，学习的内容主要是启蒙读物和儒家经典。学生跟老师学习，除听老师讲解之外，很多时间都用于读书，在读书中领会老师的讲解，在读书中提高对儒家经典的认识和理解。读书学习需要抓紧时间，提高效率。在制订读书计划时，时间可以相对宽裕一些，但一进入学习状态，就要切实用功学习，充分利用有限的时间。只要功夫下到了，那些看似艰深的儒家文化就容易学习了，许多本来不明白的道理会在读书中逐渐理解和领悟。

心有疑　随札记[①]　就人问　求确义[②]

[注释]

①札记：读书时摘记的要点及心得体会。这里用作动词，指有了心得体会就要随时记录下来。②确义：正确的含义。确，准确，正确。

[译文]

读书的时候，如果遇有疑问不解之处，要随手把它记下来，然后去找人讲解，以求得准确的意义。

[解说]

读书要养成好的习惯，遇有疑问不解之处，就要及时记录下来，做好读书笔记，不能随随便便放过去。好读书，还要求甚解。古人的许多学问，就是在读书中发现问题，然后再检阅文献加以解答形成的。古代许多札记体著作，如清人赵翼的《二十二史札记》，原本就是读书笔记，实际上是对一些历史问题的探讨和回答。学者有治学经验，读书遇到问题，自己可以通过其他文献，相互参证，进而解决问题。青少年正是学习的时候，遇有疑问，不仅要随手记下，而且还要去找老师，请求解答，以求得准确的解释。这才是正确的读书态度。如果遇到不懂的问题就撇过去，有不明白的地方却弃置不理，那就达不到通过读书开阔视野、增长知识、解疑释惑的目的。

房室清　墙壁净　几案洁　笔砚正

[译文]

读书的房屋要清幽雅静，四周墙壁要干干净净，书桌上面要干净整洁，学习用具要摆放整齐，笔墨纸砚都要放得端正。

[解说]

读书要有合适的环境，条件允许的话，应有专门的书房或教室。周围的环境要安静，室内要清静，墙壁要干净，书桌要整洁，各种学习用具要摆放整齐，形成适宜于读书的环境和气氛。这样的话才能静下心来读书，才能收到好的效果。如果周围喧嚣嘈杂，室内凌乱不堪，居于其内就很难静下心来，即使能在里面读书学习，也很难收到应有的效果。

墨磨偏　心不端　字不敬　心先病

[译文]

研墨的时候，墨锭若是拿偏了，表明你的心不够端正；写字的时候，笔竖不直，字写不端正，表明你的心理有问题。

[解说]

古人读书就是讲究，要求环境安静幽雅，这还罢了。对于研墨、写字，同样大有讲究。过去书写用毛笔，写字之前要先研墨，摆好砚台，拿出墨锭，在砚台中放少许清水，然后慢慢转动墨锭，开始研磨，待砚台中的水与墨混合到一定的浓度之后，才可以用来写字。研墨的时候，不是随意转动墨锭，一定要把墨锭拿直，不能拿偏。拿偏了，墨就要磨偏。古人认为，墨磨偏了证明你的心不够端正，心里有一些不正确的想法。写字也是这样，如果字写得不好，那首先是你的心理有问题。把研墨和写字与人的心理联系在一起，以为是因为人们的一些想法有问题，才导致墨磨偏、字不敬，这是一种机械的、形而上学的观点，但要求人们研墨、写字要认真，却是有道理的。

列典籍　有定处　读看毕　还原处

[译文]

各种文献典籍，都要放在一定的地方。读完一本之后，应把它放回原处。

[解说]

过去读书主要是读儒家经典，此外再读一些史书、文集（或选集）和别集，即通常所说的"四部"。这些书分别属于不同的门类，读书的时候要分门别类，有计划地去读。放置书籍时，应分类放置，并且要放在固定的地方。每次读完之后，要放回原处，下次再读的时候容易找。如果随看随扔，下次再看的时候就不容易找，既浪费时间，也容易把心情搞坏。好的读书习惯，是在日常读书中逐渐形成的。要从小处着手，认真去做。

虽有急　卷束齐　有缺坏　就补之

[译文]

即使是有什么急事，需要马上离开，也要把卷册整理好，放置好。书册如果有损坏的地方，就应该尽快把它补好。

[解说]

古代的幼儿教育多是在私塾（私人办的学校）中进行的，不论老师还是读书的青少年，读书的时候难免会遇到这样那样的事情，有时还是必须办理的急事。有急事不能不办，但不能扔下书本就走，还是应该把书册整理好，放置到固定的地方。读书时，若是看到书册有破损之处，要有爱惜之心，把破损的地方补好。对读书人来说，书比其他财物都要珍贵，要倍加珍惜，倍加爱护。

非圣书　屏勿视　蔽聪明[1]　坏心志

[注释]

[1]蔽：同蔽，遮蔽，阻碍。

[译文]

不是圣贤书，要把它扔到一边，看都不要看。如果读了那些左道旁门的书，就会遮蔽你的心智，蒙蔽你的眼睛，引导你走上邪门歪道。

[解说]

俗话说开卷有益。所以,读书自然是越多越好,不同的书会让你从不同方面受益。但是应该记住,必须读有用的书,读圣贤书。所谓圣贤书,主要是指儒家经典,儒家经典不仅教给人们许多文化知识,而且还教导人们如何处理人与人、人与家庭、人与阶层、人与社会的关系,教导人们如何做一个对他人、对社会有价值的人。除此之外的许多书籍,如诸子百家、历史文献、文学作品等,对青少年的健康成长也是有帮助的,是青少年学习文化知识必不可少的内容。这些书虽然不是圣贤书,但也是要学的。而有些书籍,内容荒诞不经,夹杂一些诲淫诲盗的故事情节,含有对青少年健康成长不利的内容。这类书籍虽然也可能提供一些有益的东西,但对辨别能力不强、自制力不够的青少年来说,确实可以"敝聪明,坏心志",还是少读为好。

勿自暴 勿自弃 圣与贤 可驯致[②]

[注释]

①驯:同训,教诲,教导。致:达到。

[译文]

不要自暴自弃,把自己看得一无是处,不要放弃学习,放弃努力。应该知道,寻常人通过不懈的学习和努力,也是可以达到圣人和贤人的境界的。

[解说]

人的天分是有区别的,有的人天赋极高,有的人天资愚鲁。但勤能补拙,在学习上刻苦勤奋,发奋努力,就能弥补天赋不足的缺陷。书山有路勤为径,学海无涯苦作舟。只要勤奋学习,工夫下到了,就能够后来居上,实现自己的人生目标。所以,即便天资愚鲁,也不能自暴自弃,放弃努力,放弃人生追求。天才出于勤奋。通过努力学习,人人皆可成为圣贤。

弟子职

[春秋] 管仲 著

先生施教,弟子是则。温恭自虚①,所受是极②。见善从之,闻义则服。温柔孝悌,毋骄恃力。志毋虚邪③,行必正直。游居有常,必就有德。颜色整齐,中心必式④。夙兴夜寐⑤,衣带必饰;朝益暮习,小心翼翼。一此不解⑥,是谓学则。

[注释]

①温恭自虚:温顺恭敬,虚心受教。②极:事物的本源,指最根本的道理。③志毋虚邪:思想意识中不要存有虚伪奸邪的念头。虚,虚伪;邪,奸邪。④中心必式:心中应有原则。式,原则,规范。⑤夙兴夜寐:很早就起来,很晚才睡下。夙,早。⑥解:即"懈",懈怠。

[译文]

先生教育学生,学生就要按照先生的要求去做。态度谦虚,虚心接受教育,这样就能学到很多知识。看见别人做好事,要向他们学习;听到别人有合乎道义的行为,就应该身体力行。为人处事,要温柔孝悌,不能骄横自恃勇力。思想意识中不能有虚伪奸邪的念头,行为必须正直。不论外出还是居家,都要遵守规矩,向有道德的人学习。表情要端庄,心中所想要中规中矩。早晨起床,夜晚休息,衣带都要整饰。早晚学习,都要小心翼翼。专心遵守这些原则而不懈怠,这就是所说的学习规则。

[解说]

　　这一节讲的是学生跟从先生学习的基本规则。学习最重要的是要端正学习态度，虚心接受教育，虚心向长者学习。虚心使人进步，骄傲使人落后。在学习上，永远没有满足可言。一位伟人说过："学习的敌人是自己的满足。"只有认识到自己的不足，看到别人的长处，虚心学习，才可能学到更多的知识。同时，还要明白为什么学习，怎样学习，学习什么。早在春秋时期，管仲在《弟子职》中就提出了这些问题，并做了明确回答。要见贤思齐，见善从之，闻义则服；要摈除私心杂念，抛弃虚伪奸邪之念，所思所想要符合道义，中规中矩。此外，还必须养成良好的学习习惯，做到"朝益暮习"，每天早上学习的新知识，晚上就要复习，不能有所懈怠。

　　少者之事，夜寐早作。既拚盥漱①，执事有恪②。摄衣共盥，先生乃作。沃盥彻盥，汜拚正席，先生乃坐。出入恭敬，如见宾客。危坐乡师③，颜色毋怍④。受业之纪，必由长始；一周则然，其余则否。始诵必作⑤，其次则已。

[注释]

　　①既拚盥漱：扫除之后，要洗脸漱口。拚（biàn），扫除。盥漱，洗脸漱口。②执事有恪：做事情要恭敬谨慎。恪，恭敬，谨慎。③危坐乡师：身体端正地面向老师而坐。危，端正；乡，即向。④颜色毋怍：表情不要有什么变化。颜色，指表情；怍，容貌变化。⑤始诵必作：刚开始诵读时一定要站立起来。作，起来。

[译文]

　　少年的时候，要晚睡早起。早晨起床后要扫除洗漱，做事情要恭敬谨慎。要手提着衣襟把洗漱用具给先生端过去，先生于是就起床洗脸漱口。先生洗漱之后，学生把洗漱用具撤下，打扫先生的房间，摆好讲席，先生坐下开讲。学生进进出出，都要恭恭敬敬，像会见宾客一样。学生要面向先生端正而坐，表情不能有变化。接受先生传授知识，一定要先从年长的学生开始。第一次一定要这样做,以后就没有必要了。第一次诵读一定要站起来,以后就不用了。

[解说]

这一节主要讲的是学生如何侍奉先生。学生跟先生学习文化知识,首先应该学会如何侍奉先生。早在两千多年前,师道尊严就已经成为学生必须遵守的规则。虽然师道尊严曾经受到批判,但师生身份不同,地位不同,所以,老师一定要像老师,学生一定要像学生,各守其则,各守其分。学生要按照规矩,尽心尽力侍奉先生,恭恭敬敬尊重先生。不过,现代教育已不太强调师道尊严,而是强调如何才能最大限度地发挥教师和学生的主观能动性,如何使教学效果最大化。为达到这一目的,学生与老师的平等交流、认真对话是必不可少的。如今已是21世纪,不论教育者还是被教育者,都不会再强调师道尊严,但学生尊重老师,老师爱护学生,师生教学相长,同样是现代教育应该遵循的基本原则。

凡言与行,思中以为纪①。古之将兴者,必由此始。后至就席,狭坐则起。若有宾客,弟子骏作②。对客无让,应且遂行,趋进受命③。所求虽不在,必以反命④。反坐复业,若有所疑,奉手问之。师出皆起。

[注释]

①思中以为纪:考虑中和之道,并把它作为言语和行为的规范。中,中和之道。②骏作:迅速起身。骏,迅速。③趋进受命:小步快行,进去接受老师的教诲。趋,小步快行。④必以反命:一定要返回去向老师报告。反,即返。

[译文]

学生的一切言论和行为,都要以中和之道为规范。古时候那些有大作为的人,都是从这里开始的。后到的学生入席就坐,坐道狭窄时先到的同学就要站起。如果有客人来,学生要迅速起身。对客人不要失礼,一边应对一边走路,小步快行向先生请示。客人要见的人如果不在，也一定要回去告诉客人。返回后坐下再接着学习，如果有疑问的时候，要拱手求问。先生讲课结束出去时，学生都要起立。

[解说]

学生接受教育，既学习文化知识，也学习各种礼仪。本节主要讲的是学生待客的礼仪。如何接待客人，往往是因人而宜，因人而异，似乎没有固定的程式和礼节。接待贵宾有接待贵宾的礼节，接待同学、朋友或一般客人，礼节则又不相同。尽管各有不同，但总的原则是恭敬而不卑微，尊重而不低下，礼貌周到，注重细节。如果先生同时在场，要按照先生的要求，随时向先生请示。如果在学习时遇到客人来访，要起身表示欢迎，不要坐视不理，无动于衷。在今天看来，这些礼仪未必合适，有些甚至不太合理，没有必要按照那些要求去做。但是，从中却可以看到，早在两千多年前，对青少年的学习要求是多么严格。

至于食时，先生将食，弟子馔馈①。摄衽盥漱，跪坐而馈。置酱错食②，陈膳毋悖③。凡置彼食：鸟兽鱼鳖，必先菜羹。羹胾中别④，胾在酱前，其设要方。饭是为卒⑤，左酒右酱。告具而退，奉手而立。三饭二斗⑥，左执虚豆⑦，右执挟匕⑧。周还而贰，唯嗛之视⑨。同嗛以齿，周则有始。柄尺不跪⑩，是谓贰纪。先生已食，弟子乃彻。趋走进漱，拚前敛祭。

[注释]

①弟子馔馈：学生把饭菜给老师端上来。馔，饭食。馈，把东西送给人。②置酱错食：放置酱汤，摆放食物。错，即措，安置。③陈膳毋悖：陈列膳食，不要搞乱了先后顺序。悖，错乱。④羹胾（zì）中别：羹和切成大块的肉摆放时有区别。胾，切成大块的肉；一说是切成细丝的肉。⑤饭是为卒：饭食最后才上来。卒，最后，结束。⑥三饭二斗：三碗饭，二斗酒。斗，古代的一种酒具。⑦左执虚豆：左手拿着空的酒具豆。豆，古代的一种酒具。⑧右执挟匕：右手拿着筷子和勺子。挟，筷子；匕，勺子。⑨唯嗛之视：看一看谁的饭

食吃完了。嚛，吃完，食尽。⑩柄尺不跪：如果拿的是带有长柄的豆，添酒时就不必跪下（这是古时为客人添酒饭的一种规矩）。

[译文]

到了吃饭的时候，先生将要用餐，学生把饭菜给先生端上来。挽起衣袖洗漱之后，跪着把饭菜奉献给先生。摆放饭菜时，次序不要颠倒了。上饭菜的一般程序是：上鸟兽鱼鳖等荤菜之前，一定要先上羹汤。羹和切成大块的肉摆放时要有区别，肉食要放在酱的前方，摆放的形状要成方形。最后上主食，左右两边要放置漱口用的酒。饭菜全部上齐后，学生退下，拱手站立一旁。通常的惯例是，三碗饭，二斗酒。学生左手端着豆这种空酒具，右手拿着勺筷，把饭和酒顺序添上。一轮过后，还要进行第二轮，看一看谁的饭食吃完了。如果同时吃完了，要先给年长的添饭。就这样周而复始。如果拿的是带有长柄的豆，添酒时就不用跪下，这是添酒饭的规矩。先生用过膳食之后，学生要把先生的餐具撤下，赶快给先生端过漱具。在打扫之前，要先撤下祭祀用品。

[解说]

这一节讲的是学生侍奉先生用餐的一些规矩。古代的私塾教育，老师和学生教学在一起，生活在一起，日常相处时间比较多。一日三餐，学生不仅要侍奉先生用餐，而且要遵守一定的程序和礼仪。关于这些，管仲在《弟子职》中有明确细致的说明。今天看来，这些程序和礼仪十分严格和琐碎，有些还不近人情，譬如要跪着给先生端饭菜、斟酒，就过于强调师道尊严了。当然，如今也不会有人拿这些原则和规矩来要求学生，学生也不会按照这些原则和规矩去做。时代不同了，相关的礼仪也要改变。

先生有命，弟子乃食。以齿相要①，坐必尽席。饭必奉揽②，羹不以手。亦有据膝，毋有隐肘。既食乃饱，循咡覆手③，振衽扫席④。已食者作，抠衣而降。旋而乡席⑤，各彻其馈⑥，如于宾客。既彻并器⑦，乃还而立。

[注释]

①以齿相要：相互间按年龄的大小排列而坐。齿，年齿，年龄。要，即邀。②饭必奉揽：吃饭时必须用双手捧着饭碗。③循咡（èr）覆手：吃过饭后用手绕着嘴边擦拭一下。咡，口边，口和耳的旁边。④振袵扫席：抖一抖衣襟，离开饭桌。袵，衣襟。⑤旋而乡席：过一小会儿又回到饭桌前。旋，一会儿。乡，即向。⑥各彻其馈：每个人都把自己端上来的餐具撤下去。彻，即撤。⑦既彻并器：餐具撤下去之后，要把它们分类归拢起来。器，指餐具。

[译文]

先生吩咐之后，学生才可以就餐。就餐时要按年龄大小顺序而坐，坐的时候要靠近饭桌。吃饭时一定要双手捧着碗，喝羹汤不要用手。也可以双肘支撑在膝盖上，但不要把双肘支撑在桌面上。吃过饭之后，要用手绕着嘴边擦拭一下，抖抖衣襟离开坐席。吃过饭的人可以提起衣襟离开。等一会儿还要回到饭桌前，每人把自己的餐具撤下去，就像替客人撤餐具一样。餐具撤下后，要分类归拢起来，然后回去拱手站立。

[解说]

这一节讲的是学生用餐的规矩。先生用餐之后，允许学生用餐，学生才可以用餐。在学堂中，先生的话是不容置疑的，学生必须按照先生说的去做。用餐的时候也有讲究；有规矩。仔细读一读，这些规矩都很人性化，如座位按年龄大小为序，座位要靠近饭桌，吃饭时双手捧碗，喝汤要用汤匙，等等，既生活化，又人性化。由此不难看出，中国的古代教育不仅传授文化知识，同时也注重传授生活常识，教育学生如何生活，注重学生的全面发展。有关的教学内容，在当今的教育中已经看不到了。这不能不说是一种遗憾。

凡拚之道：实水于盘，攘臂袂及肘①，堂上则播洒，室中握手②。执箕膺揲③，厥中有帚。入户而立，其仪不忒④。执帚下箕，倚于户侧。凡拚之纪，必由奥始⑤。俯仰磬折⑥，拚毋有彻⑦。拚前而退，聚于户内。坐板排之，以叶适己⑧，实帚于箕。

先生若作，乃兴而辞。坐执而立，遂出弃之。既拚反立，是协是稽⑨。

[注释]

①攘臂袂及肘：把袖子挽起，挽到肘部。袂，袖子。②室中握手：在室内洒水时，要用手捧着水，小心地向外洒。③执箕膺揲：拿着簸箕，让簸箕的舌口朝向自己。膺，接受，承受。④其仪不忒：这种扫除的仪式和程序不容有差错。忒，差错。⑤必由奥始：一定要从西南角开始。奥，西南角。⑥俯仰磬折：扫除的时候，身子要像磬那样折下去。磬，一种用石或玉制成的形如曲尺的乐器。⑦拚毋有彻：扫除的时候一定不要扯动别的东西。彻，扯动。⑧以叶适己：把簸箕的舌口朝向自己。叶，即舌，簸箕的舌口。⑨是协是稽：这些都是合乎礼仪之书记载的。协，符合；稽，考证。

[译文]

扫除的基本做法是，先把盆里打满清水，把袖子挽到肘部，在宽敞的正堂上用手洒水，在室内窄小的地方就要用手掬水轻洒。拿畚箕时，畚箕的舌部朝向自身，里面放一把扫帚。进入户内先站立一会儿，这种扫除的仪式和程序不容有差错。拿起扫帚，把畚箕靠在门的一侧。扫除的规矩是，一定要先从西南角开始。在屋内打扫时，身体要像磬一样弯曲，小心谨慎，不要扯动别的东西。扫除的时候，从前面往后面退着打扫，扫除的垃圾聚集在门口，然后蹲下来用木板把垃圾铲起来。铲垃圾时，畚箕的舌口要朝向自己，打扫完毕之后，扫帚要放在畚箕里。先生如果在打扫时起来了，就要让先生先等一等。蹲下拿起畚箕，出去把垃圾倒掉。打扫完毕后回来，仍旧站立侍奉先生，这都是合乎礼仪书籍记载的。

[解说]

这一节讲的是扫除时应注意的一些事项。这些教学内容，在现代教育中是难觅踪影的。现代教育注重传授科学文化知识，生活知识，尤其是像如何扫除之类的内容，是不会入教科书的。中国人很看重生活，也很看重生活的细节，"黎明即起，洒扫庭除"，既是先贤的教导，也是人们每天生活的第一件事。既是第一件事,不能不慎之又慎,不能不掌握基本要领。像管仲这样的大政治家,也在教育青少年如何学会扫除上花费心思,不厌其烦地谆谆教导,也就完全可以理解了。一室不扫,何以扫天下?真正有抱负的人,以天下为己任的人,往往都能从小处做起,从细小的事情中感受和领悟个人与他人、个人与家庭、个人与社会的关系,学会如何做才能利人利己。譬如洒水时,要用双手掬水轻洒,拿畚箕时要舌部朝向自身,等等,都反映出中国传统文化对人的尊重。这些内容看起来很琐碎,一般人可能都不会去注意。但细微之处见精神,从这些细微之处,可以看出中国古代传统教育的主旨,不仅在于传授文化知识,而且还在传授如何做人、如何生活的基本道理。

暮食复礼。昏将举火,执烛隅坐①。错总之法②,横于坐所。栉之远近,乃承厥火③。居句如矩④,蒸间容蒸⑤。然者处下⑥,奉椀以为绪⑦。右手执烛,左手正栉⑧。有堕代烛⑨,交坐毋倍尊者⑩。乃取厥栉,遂出是去。

[注释]

①执烛隅坐:手执火炬坐在角落里。隅坐,坐在角落里。②错总之法:放置火炬的方法。错,放置;总,捆束火炬的绳索。③乃承厥火:就拿火炬向将要燃尽的火炬取火。厥,这,这个。④居句如矩:火炬的接续,就像前面那种方式。矩,方法,方式。⑤蒸间容蒸:细木柴之间要留下一定的空隙。蒸,细木柴。⑥然者处下:点火的人处在下位。然,即燃,点燃。然者,点燃火炬的人。⑦奉椀以为绪:捧着碗盛放那些没有燃尽的火炬。绪,没有燃尽的火炬。⑧左手正栉:左手修整火炬的余烬。栉,余烬。⑨有堕代烛:执火炬的人累了,就让别人代替他执火炬。堕,疲劳。⑩交坐毋倍尊者:交替侍坐时,不要背对尊长。倍,即背。

[译文]

晚上用餐的时候,礼仪像前面一样。黄昏时准备点燃火炬,学生手拿火炬坐在屋子的一个角落里,把火炬纵横有序地放置在座位的旁边。要注意火炬燃烧的情况,快要燃尽时要及时点燃另一根火炬。火炬的接续，就像前面那种方式，仍旧放在原来的位置上，细木柴之间要留有一定的距离。点燃火炬的人处在下首，用碗盛放没有燃尽的火炬。执火炬的人右手拿火炬，左手修整燃烧的余烬。执火炬的人累了，让别人替换他，替换时不要背对尊长。换下的人把火炬的余烬收拾干净，拿到外面倒掉。

[解说]

这一节主要讲点燃火炬的规矩。春秋时期，夜晚照明常常取松枝或其他易燃的树枝作火炬，点燃照明。所以才有了教育青少年怎样拿火炬、怎样点燃火炬、怎样续燃火炬，以及火炬燃烧完之后如何处理等项内容。所有的程序环环相扣，严丝无缝，让人不由得惊叹管仲对生活的观察细致入微。两千多年过去了，人们早已从依靠松枝照明的时代，进步到用电照明的时代，点燃火炬的那一整套规矩，在今天看来，完全是多余的了。但是，从中不难看到，古人对教育的理解和今人对教育的理解，确实有很大差异。这些差异，不是文化的差异所致，而是时代进步造成的。

先生将息，弟子皆起。敬奉枕席①，问所何趾②；俶衽则请③，有常则否。先生既息，各就其友。相切相磋，各长其仪④。周则复始，是谓弟子之纪⑤。

[注释]

①敬奉枕席：恭敬地奉上枕头和席子。②问所何趾：问老师脚趾朝哪个方向伸（以便安放枕头）。何趾，脚趾向何处。③俶（chù）衽则请：第一次为老师铺床要向老师请示。俶，开始。④各长其仪：通过相互切磋，增长每一个人的知识和义理。仪，通"义"。⑤是谓弟子之纪：这些说的都是当学生的规矩。纪，纲纪，这里指规矩、原则。

[译文]

先生准备休息的时候，学生都要起身侍奉。恭敬地奉上枕席，问先生脚朝哪个方向伸。第一次为先生铺床时要请示，以后就不必再请示了。先生就寝之后，学生还要各自找到自己的学友，相互切磋,以增长每一个人的知识和义理。以上这些学生侍奉先生的程序周而复始,是学生应该遵守的规矩和原则。

[解说]

　　这一节主要讲学生如何侍奉先生就寝。管仲从《弟子职》的开篇讲起,先讲学生应该跟先生学习的基本规则,接着讲学生如何侍奉先生,如何待人接物,如何侍奉先生用餐,自己如何用餐,如何打扫卫生,如何点燃火炬,娓娓道来,循序渐进,最后落脚到如何侍奉先生就寝,形成了一个完整的教育过程。这一教育过程既注重传授文化知识,又注重传授生活知识,同时又注重传授为人处世的基本道理和原则,反映出中国古代教育的重点在于全面育人,而不是仅仅局限于传授文化知识。按照这些程序、规矩和原则,周而复始,循环往复,就可以培养出传统文化所需要的人才。这些程序、规则和原则,在当今社会,很多都已经不太适用,有些早已经被淘汰。但是,今人还是可以从中受到某些启示,尤其是在生活内容的教育上,不少内容很值得借鉴。

朱子治家格言

[清]朱柏庐 著

黎明即起,洒扫庭除①,要内外整洁。

既昏便息,关锁门户②,必亲自检点。

[注释]

①庭除:庭院和台阶。除,台阶。②关:门闩,闩门的横木。

[译文]

天一亮就要起床,把院子和台阶打扫干净,室内室外都要干净整洁;天一黑就要休息,门闩是否落锁,窗户是否关闭,一定要亲自查看,以确保安全。

[解说]

人们的生活是一天接一天过的,日复一日,方有年复一年。而一天最重要的标志,就是早上起床和夜晚入睡,治家就是要先从这两件事情入手。早上应该黎明即起,开始新的一天的生活。新生活要有新面貌,所以要打扫庭院,把室内室外都打扫得干干净净,以新的面貌迎接新的一天的生活。到了晚上,一天的生活结束了,不能倒头即睡,要善始善终,检查门闩是否落锁,窗户是否关闭。天天防火,夜夜防贼。做好了防贼措施,方可安然就寝,休养生息,准备迎接新的一天的生活。这六句话平白朴实,却是治家的关键所在。

一粥一饭,当思来处不易;半丝半缕,恒念物力维艰①。

[注释]

①恒念物力维艰：经常记住每生产一样东西都是很艰难的。恒，经常。

[译文]

一碗粥，一餐饭，都要想一想它是多么来之不易。半点丝，半条线，也要经常想一想把它们生产出来要经过多少艰辛。

[解说]

这是劝人节俭的两句名言。这两句话用粥饭和丝线代指人们的吃穿及其他需用的东西，意在告诉人们这些东西来之不易，因此要注意节俭，不能浪费。一碗粥，一顿饭，或许值不了多少钱，但是农民把它们生产出来，却是要经过千辛万苦，实在不易；人们穿的衣服都是一丝丝、一线线织成的，从植桑养蚕，到缫丝织布，再到漂染制衣，每一个环节都要付出很多的辛劳。所以，对于日常生活的各种必需品，不能因为它们不是那么贵重而轻视它们，浪费它们，要时刻保持勤俭节约、艰苦奋斗的本色。

宜未雨而绸缪①，毋临渴而掘井。

[注释]

①未雨而绸缪（chóumóu）：天还没有下雨，就先把房屋的门窗修补好。比喻事先做好准备。绸缪，修补。

[译文]

凡事都要先有个准备，把该做的事情做在前面，就像天还没有下雨，就把房屋修葺好一样；不要事情到了急处，才想起要做准备，就像口渴的时候才想起要挖井那样。

[解说]

这两句是人生的经验之谈，也是人生成功的秘诀。凡事预则立，不预则废。只有在事情没有发生前，就对事情的发展变化做出预测，并根据发展变化的实际情况预备应变措施，做好应急预案，这样才能以不变应万变，才能在突然发生变故时从容应对，并加以顺利解决。正像天还没有下雨，就预先修补好门窗一样，不论什么时候下雨，都不用担心。如果没有准备，事起仓促，急切间难以应对,就会措手不及,乱中出错。事先不做准备,就如同临渴掘井,出了事情就来不及了。如果想在人生征途上,事事都能应对裕如,那就请记住这两句话,并把它落实在行动中。

自奉必须俭约①,宴客切勿留连②。

[注释]

①俭约:勤俭节约。②留连:舍不得离开。这里指爱惜财物。

[译文]

自己平时过日子必须勤俭节约,但是招待客人的时候,一定不要吝惜财物,免得给人小气吝啬的印象。

[解说]

中国人的淳朴忠厚、热情好客,在这两句话中表现得最为充分。自己居家过日子,克勤克俭,紧紧巴巴,穷点苦点都没有啥。再困难的日子,勒一勒腰带就过去了。但对于来到家的客人,不能小里小气,要热情招待,要让客人吃好喝好。即使家中缺油少米,没有好酒好肉,也要想办法招待好客人。东晋陶侃的母亲剪发待宾的故事,就是这两句话很好的注脚。范逵来拜访陶侃,当时陶家贫寒,没什么可以拿来招待客人,陶母就把自己的头发剪下来,拿去换酒,招待范逵,并把家中的草垫子拿来喂范逵的马。今天的许多人可能不太理解这种自己克勤克俭却热情好客的做法,甚至有人认为这是死要面子活受罪。有这样想法的人,对中国传统文化缺少必要的了解。

器具质而洁,瓦缶胜金玉①。

饮食约而精,园蔬胜珍馐②。

[注释]

①瓦缶:一种小口大肚的瓦器。②珍馐:美食。珍,山珍。

[译文]

饮食器具工艺讲究,干净清洁,哪怕只是陶瓷类制品,也要胜过那些不洁净的金玉制品;饮食要少而精,假如能够做到这一点,园中的蔬菜也要胜过美味佳肴。

[解说]

中国人的饮食,讲究干净清洁甚于讲究色、香、味、形。限于各种条件,饭菜的质量可以差一些,用具也可以不讲究,但一定要洁净。洗刷得干干净净的餐具,哪怕只是寻常的陶制品,也要比那些脏兮兮的金玉餐具好得多。餐具洁净,让人一看就心情愉快,吃起饭来也觉得香;如果餐具很珍贵,却满是污垢,让人一看就食欲全无。同时,中国人的饮食还讲究做工,寻常菜肴,只要做得精致,也会让人食欲大增。相反,即使是山珍海味,如果做得不好,也会让人吃起来倒胃口。平常人家居家过日子,没有金玉制作的餐具,也没有山珍海味,都是寻常餐具,粗茶淡饭,但只要干净清洁,调制得当,小日子一样可以过得很滋润。

勿营华屋,勿谋良田。

[译文]

不要建造高大漂亮的房屋,不要想占有多少良田。

[解说]

中国人的智慧在日常生活中表现得很充分。不显富,不露富,就是这样一种智慧的表现。天下之大,总是有不少富人。富起来了,不要花太多的钱建造豪华漂亮的房屋,也不要想着买多少良田,因为漂亮的房屋和良田,人人都想得到,你得到了,别人没有得到,就会招来妒忌,祸害也会随之而来。在日常生活中,要学会韬光养晦,不显山,不露水,没人注意,没人嫉妒,就会减少许多麻烦。

三姑六婆①,实淫盗之媒;婢美妾娇,非闺房之福。

[注释]

①三姑六婆:三姑指尼姑、道姑、卦姑;六婆指的是牙婆、媒婆、师婆、虔婆、药婆和稳婆。

[译文]

三姑六婆等走街串巷的女子,实际上都是教唆人们诲淫诲盗之人；美丽漂亮的使女和小妾充斥闺房，绝对不是主人的福分。

[解说]

治家的重要内容是整治家风。社会上有各种各样的人，有些人本非善良之辈，若是与他们交往多了，就会影响到家庭成员。譬如所谓的三姑六婆，古人以为其中多诲淫诲盗之人，对她们的评价不高，和她们交往的话，不知不觉中可能就学坏了。所以，治家严格的家长，是禁止其子女与这类人交往的。不仅三姑六婆不能接近，就是娇妻美妾，漂亮婢女，置于家中，也被视为不好的事情。古人对女性，尤其是对漂亮的女性有一种本能的警觉，以为漂亮女性容易惹是生非，所以才有"女人是祸水"和"红颜薄命"等说法。家里如果婢美妾娇，她们就会为得到主人的宠爱惹是生非，甚至闹得鸡犬不宁。这些观念虽然陈腐，却是古人的经验之谈，有一定的警示意义。

奴仆勿用俊美，妻妾切忌艳妆。

[译文]

不要使用英俊美丽的奴仆，不要让妻妾浓妆艳抹。

[解说]

古代高门大户，都要雇用仆人和婢女，侍奉家人，处理家务。所以，管教仆人和婢女，就成为治家的重要内容。古人以为，为了避免招惹是非，一定不要雇用长得英俊漂亮的仆人和美艳动人的婢女。同时，对于妻妾也要严加管教，不能让她们浓妆艳抹，花枝招展。这些做法，其实都是防患于未然，害怕闹出家庭丑闻。用今天的眼光看，仆人英俊，婢女漂亮，正可以为主人增光彩。不用英俊漂亮的仆人婢女，难道都要用卡西莫多那样让人见之而生厌恶之心的人吗？不过，这是治家。治家还是谨慎些好。

祖宗虽远，祭祀不可不诚。

[译文]

祖宗虽然离人们似乎很遥远，但祭祀祖宗却不能因此而有丝毫的不诚之意。

[解说]

传统文化中的祭祀，主要分为祭祀天地、祭祀鬼神和祭祀祖先。逢年过节，以及祖先的生日或忌日，对祖先进行祭祀，是家庭生活的一项内容。所以，祭祀也被列为治家的内容。祖先虽然过世已久，离人们已经很遥远，但祭祀的时候，一定要怀有虔诚敬畏之心。这不仅因为出于对祖宗的敬畏，更因为古人相信，祖宗的在天之灵可以保佑子孙平安。

子孙虽愚，经书不可不读。

[译文]

子孙即使愚昧无知，但也不能不教他们学习儒家的经典。

[解说]

古人很看重对子女的教育，教他们读书，一是增长文化知识，二是增长人生阅历和生活常识。聪明的人通过读书可以升官发财，光耀门楣。即使不太聪明的人，家长同样也会让他们读书，进私塾，进学堂，学习文化知识，学习儒家经典。在古人看来，儒家经典是不可不读的，因为儒家经典可以教导人们遵守礼仪道德规范，教导人们如何为人处世。人生活在社会上，没有这些知识，就很难生存。所以，许多家长明明知道子女在读书上不可能有大的出息，但还是让他们去读，目的就是让他们多懂得一些做人的道理。

居身务期质朴[1]，教子要有义方[2]。

[注释]

[1]居身：安身，立身处世。[2]义方：行事应该遵守的规范和道理。此指儒家纲常伦理。

[译文]

立身处世一定要以淳厚朴实为原则，教育子女一定要按照儒家的伦理道德规范去做。

[解说]

在为人处世方面，传统文化历来崇尚质朴，反对浮华。做人要老老实实，质朴无华，真诚本分，不尚浮华。如果花里胡哨，虚头虚脑，就会给人不诚实之感，人们在不得已而与之交往时，会感到很累，因为要时常提防着，害怕误入圈套或陷阱。教育子女不仅要有正确的方法，更为主要的是要教他们走正道，为人处世要按照儒家的纲常伦理的要求，符合传统道德规范。这样的治家格言，对今人仍有启示意义。

勿贪意外之财，勿饮过量之酒。

[译文]

不要贪恋意外的财物，不是你的东西，就不要想着如何去得到它；饮酒不要过量，过量则容易伤身体。

[解说]

俗话说：人不得外财不富，马不吃夜草不肥。所谓外财，就是意外之财。的确，人生会有这样那样获得外财的机会，譬如馈赠、继承的财产，譬如买彩票中了大奖，再譬如用很少的钱买到了价值连城的古董，等等。但这样的机会不是每一个人都能得到的，因为，机会不会给无准备的人。除此之外的意外之财，譬如拾到了巨款，捡到了名贵的珠宝，在ATM机上取钱时机器多吐给你一大笔钱，等等，都不能见钱眼开，更不能据为己有，如果据为己有，就属于不当得财，就要承担法律责任。至于在街头上，有些不太高明的骗子用蝇头小利来诱惑，就更不能为其所动了。不贪便宜不上当。不贪得意外之财，就会少惹许多麻烦。至于说饮酒，则是以适量为宜，喝多了伤身，喝多了误事。哪怕是酒逢知己，也要适当控制。"酒逢知己千杯少"是劝人饮酒的话，不可当真。

与肩挑贸易，勿占便宜；见贫苦亲邻，须多温恤。

[译文]

和走街串巷的货郎做买卖，不要贪占他们的便宜；看见贫苦的亲戚邻居，一定要多给他们一些温暖和体恤。

[解说]

走街串巷的商贩，都是在小物件上求利，常常为此花费很多心思，而且大多是挣几个力气钱，赚几个小钱很辛苦，所以，没有必要和他们斤斤计较，更不要贪占他们的便宜。南京到北京，买家没有卖家精。和小商小贩，不要存贪占便宜的念头，才不会吃亏上当。对于贫困的亲戚邻居，要有好仁之心，经常给予必要的帮助。在他们遇有危难的时候，要多多接济他们，帮助他们，多给他们一些温暖。有血缘关系的亲情，靠血缘关系来维系。没有血缘关系的亲戚邻居，要靠关爱和友情来维系。助人为乐是中国人的优良传统，更何况是帮助亲戚邻居呢？

刻薄成家，理无久享。伦常乖舛①，立见消亡。

[注释]

①伦常乖舛：行为违背纲常伦理。乖舛，背离，违背。

[译文]

待人刻薄寡恩，这样的人持家，其家庭肯定不会长久和睦；行为违背纲常伦理，这样的人难以长久立身在这个世界上，很快就会消亡。

[解说]

待人要宽厚，持家要宽容。唯有宽厚宽容，才能凝聚人心，才能以德服人。如果刻薄寡恩，对家人十分尖刻，就很难把家人拢在一起，其家庭不仅难以和睦，而且还很难兴旺。家和万事兴。靠什么"家和"？不是刻薄寡恩，而是亲情友爱和宽厚宽容。负有治家之责的人，不可不明白这个道理。治家需要宽厚宽容，维持家庭的正常秩序，则需要儒家的纲常伦理，需要亲人之间的相互理解和包容。如果背离了儒家的纲常伦理，混淆或是打乱了儒家的纲常伦理，其人则难以立身，其家则不免家破人亡。虽然很多人都以批判的眼光看待儒家的纲常伦理，但在家庭伦理方面，儒家的基本规范还是应该有批判，有继承，不能都视为糟粕，全部摒弃。

兄弟叔侄，须分多润寡①。长幼内外，宜法肃辞严。

[注释]

①分多润寡：把多余的财富分出一部分帮助财富少的人。

[译文]

兄弟叔侄之间要互相帮助，财富多的人要分出一部分给财富少的人；不论长幼还是内外，如果犯了错误，都应该严肃家法，严词训斥。

[解说]

古代家庭大多是家族式的，四世同堂、五世同堂的现象都很常见。在这样的大家族中，兄弟叔侄之间会因为个人能力不同等原因，出现财产多寡不均的现象。一旦出现了这样的情况，家族内外在财物方面就不要太计较，要互相帮助，财富多的人要帮助财富少的人，使每一个家庭成员在财富方面不至于太过悬殊。这样的话，每一个人才能安心为这个家庭出力，才能家庭兴旺。在尊卑长幼和内外方面，要严格按照纲常伦理的要求去做，长爱幼，幼尊长，长幼和睦亲善。男与女应各司其职，各负其责，不能缺位，也不能越位。这样才能显示出长幼之别，内外之别。如果有谁犯了错误，那就要严肃家法，严词教训，不能姑息。严是爱，宽是害。治家也应遵守这样的原则，不能纵容，不能姑息。如果以为都是亲情骨肉，可以睁一只眼闭一只眼，那不仅会害人，也会害家。

听妇言，乖骨肉，岂是丈夫？重资财，薄父母，不成人子。

[译文]

听信妻妾的话，使父子兄弟之间产生矛盾，反目成仇，怎么能称为大丈夫？过分看重钱财，对父母却十分刻薄，那还算是什么子女？

[解说]

传统文化一向轻视女性，存在着严重的男尊女卑倾向。在治家方面，这种倾向表现得也很充分。家庭生活中，谁对谁错，谁的话对家庭或个人发展有利，不是按男女性别来论的。女性观察细致，感悟细腻，领会细微，对问题的看法往往独出心裁，说话常常是语出惊人。对她们的话，不能仅仅因为她们是女性而本能地排斥，而应仔细想一想她们的话是否有道理，有道理，就应该采纳。如果仅仅因为她们是女性，而硬要顾及男子汉的尊严，那就是彻头彻尾的大男子主义了。至于说听信女性的话，会导致骨肉分离，就不是男子汉，就更是一派胡言了。另外，对于钱财也应看淡一些。钱财乃身外之物，生不带来，死不带去，再多何益？世界上比金钱更宝贵的东西有的是，譬如亲情、友情、爱情、事业等。作为一个人，如果过分看重财物而对父母刻薄，那还成什么人？要想家庭更和睦一些，要淡泊名利，还要淡泊金钱。

嫁女择贤婿，毋索重聘。娶媳求淑女，毋计厚奁。

[译文]

嫁闺女一定要选择有德才的女婿，不要看对方家庭是否富裕，不要索要很多的彩礼；娶媳妇要娶懂得礼仪规范的淑女，而不要计较嫁妆有多少。

[解说]

嫁娶乃家庭大事。有的父母为了让子女日后少一些生活负担，总是想着攀高枝，找大户，大户人家家庭富裕，子女可以不愁吃不愁穿，衣食无忧。这些想法没有错。哪有家长不想让子女生活得更好一些的道理呢？问题是不能唯钱财而论，如果仅仅看重钱财，那就大错特错了。钱是人挣的，也是让人花的。这里面最关键的是人，人品好，有能力，懂感情，会持家，这才是最为重要的。所以，嫁女要选择有贤能的女婿，不要看对方能给多少彩礼；娶媳妇要娶有良好家庭教养的淑女，不要看她能够带来多少嫁妆。不论择婿还是娶媳，都要把人品放在第一位，而不能仅仅看重财物。如果所嫁的是纨绔子弟或泼皮无赖，娶媳如同母夜叉或河东狮，纵有家财万贯，日子又岂能过得好？

见富贵而生谄容者[1]，最可耻。遇贫穷而作骄态者，贱莫甚。

[注释]

[1]谄容：谄媚讨好的样子。

[译文]

看见富贵之人就表现出谄媚讨好的样子，这样的人最为可耻；

遇到贫穷的人就表现出骄横跋扈之态,这样的人最为卑贱。

[解说]

富贵与贫穷是社会的两极,任何社会都很难消除。即使是那些曾经打出"等贵贱,均贫富"旗号的农民起义者,也根本做不到。嫌贫爱富一直是世俗常态,所以,古今中外,任何社会,都有不少嫌贫爱富的人。如果仅仅是嫌贫爱富,也许并没有什么,关键是有一些人天生的贱骨头,见到富贵之人就表现出谄媚讨好的样子,溜须拍马,曲意逢迎,膝盖骨特别软。为了讨好富贵者,甘愿做帮凶,做打手,做奴隶。这样的人最为可耻!另一方面,有些人尽管自己的景况并不比别人好到哪里,却自我感觉良好,遇到贫穷的人就是一副趾高气扬的样子,骄横无比,忸怩作态,似乎多么了不起。这样的人天生就是一副贱骨头,是典型的阿Q式的人,也最被人瞧不起。这两类人不能正确认识自己,也不能正确认识别人,其实都是很可悲的。

居家戒争讼,讼则终凶。处世戒多言,言多必失。

[译文]

居家过日子,切记不要打官司,一旦惹上官司,终究会家破人亡;为人处世要避免多说话,说话多了必定有说得不对的地方,就会得罪人,给自己带来麻烦。

[解说]

中国民间过去流传着这样两句话:"屈死不告状,饿死不做贼。"之所以屈死不告状,是因为官府太黑暗,所谓"天下衙门朝南开,有理无钱莫进来",老百姓没有钱财,无权无势,哪里能够打赢官司?居家过日子同样如此,和气生财,家和万事兴,以和为贵,尽量不要和别人打官司。一旦惹上官司,轻则耗费钱财,重则家破人亡,总之都没有好结果。为了少惹是非,就要力戒多言,言多有失,言多惹祸。俗话说"祸从口出,病从口入",就是这个理儿。居家过日子,麻烦事越少越好,但也不能泯灭了是非界线,不能为了追求和气、和睦、和平,就对损害他人和社会利益的事情不闻不问,对违法乱纪的人处处退让,对奸邪凶顽之人自动缴械。倘如此,实际上则是对坏人坏事的纵容，结果必然是想求和睦和平而不得。

毋恃势力而凌逼孤寡①，勿贪口腹而恣杀牲禽。

[注释]

①孤寡：孤儿寡母。幼而丧父称为孤，老而丧夫称为寡。

[译文]

不要恃强凌弱，依仗权势欺负孤儿寡母；不要贪图美味，为满足口腹之欲而滥杀牲畜家禽。

[解说]

说起世上可怜的人，人们常常会说孤儿寡母最可怜。孤儿寡母无依无靠，势单力薄，常常受人欺负。正是因此，作者告诫人们，不要恃强凌弱，欺负孤儿寡母。欺负弱小者，是欺软怕硬，是懦弱者的行为。对于这样的行为，人们是不会原谅的。孤儿寡母本来就很可怜，对于他们，人们应该有怜悯之心，同情之意，给予关爱，施以援手，帮扶他们度过人生最困难的时期。牲畜是人类的帮手，耕田种地离不开它们。过去人们常说的"五谷丰登，六畜兴旺"，反映出人类生活与六畜的关系。所以，对于六畜也要爱护，不能随随便便加以鞭打，更不能为了口腹之欲而滥杀。

乖僻自是①，悔误必多。颓惰自甘②，家道难成。

[注释]

①乖僻自是：行为乖戾，违背常理，却自以为是。②颓惰自甘：颓废懒惰，不肯努力，却自得其乐。

[译文]

行为乖戾却自以为是的人，将来一定会有很多后悔不及的事；颓废懒惰却自得其乐的人，终究难以成家立业。

[解说]

生活中总是有一些人，行为乖戾，做事违背常理，却常常自以为是。这样的人听不进劝说，见不得别人成功。由于自以为是，行为乖僻，经常做错事,甚至做坏事,所以,这些人常常为自己的行为而后悔。但后悔归后悔,过后依旧是乖僻自是,依旧是不近人情。这样的人一生难免要遭受这样那样的挫折,有的人可能因此而一蹶不振,自甘颓废,自甘堕落。这样的人怎么能够治家,怎么能够持家?依靠这样的人治家,其家庭终究难以兴旺发达。听人劝,吃饱饭。广纳善言,方可避免自以为是,才能少犯错误,才能从失败中走出来,重新振作。

狎昵恶少①,久必受其累。屈志老成,急则可相依。

[注释]

①狎昵恶少:对行为不端的少年过于亲热,且又态度随便,不能自重。

[译文]

如果和行为不端的邪恶少年过于亲热,态度随便,不能自重,天长日久必定受其连累;能够委屈自己而与老成持重的人交往,一旦遇有急难之事,老成持重之人则可以依靠。

[解说]

人的一生注定要与许许多多的人交往。有些人一见如故,日后成为莫逆之交,成为可以托妻付子的好朋友;有的人交往多年,却始终难以交心,终究还是路人。所以,交往不可不慎,择友不可不慎。如果交往的是行为不端的纨绔子弟或邪恶少年,而这些人大多是吃、喝、嫖、赌、骗无所不为的人,那么,日后必定为其所累。如果交往的是老成持重、敢于担当的人,和这些人成为朋友,那么,日后一旦遇到危难之事,他们肯定会援手相助,成为可以信赖的依靠。君子之交淡如水。真正的朋友,平时不需要过多的金钱往来,甚至不需要过多的寒暄,但关键时候会鼎力相助;如果只是酒肉朋友,平时吃吃喝喝,你好我好,依靠金钱来维系,关键时刻则可能树倒猢狲散,大难来时各分飞。如果是这样的朋友,不要也罢。

轻听发言,安知非人之谮诉①,当忍耐三思。因事相争,安知非我之不是,须平心暗想。

[注释]

①谮诉：私下诋毁别人，说别人的坏话。

[译文]

如果轻信别人说的话，怎么知道他不是在私下诋毁他人呢？即使听到不利于自己的话，也要能够忍耐，三思而后行；因事和别人起了争执，怎么知道不是自己的过错呢？要平心静气地想一想，是不是自己错了。

[解说]

对于别人说的话，不能轻信。耳听为虚，眼见为实。听来的消息，大多都经过转述者的主观加工，与事实相去已远，怎么能够轻易听信呢？再说了，又怎么知道转述者不是在有意识地诋毁别人呢？所以，当听到某人说某某如何如何不好的时候，心里要多问一个为什么，要能够忍耐，要多想一想，不能信以为真。如果因为某事和别人发生了矛盾，起了争执，不要怒火冲天，非要分出个是非来，要能够克制自己的情绪，平心静气地想一想，认真反思一下，是不是自己的过错。即使是别人错了，别人的错是不是因自己而起，是不是自己也有需要改进的地方？有矛盾和冲突并不可怕，可怕的是不能控制自己的情绪，不能自我反思，反而错上加错，把事情弄得不可收拾。

施惠勿念，受恩莫忘。

[译文]

对人有恩惠有帮助，不要老是想它；别人对你有恩，要念念不忘。

[解说]

当今社会，人心浮躁，物欲横流，真正能够做到"施惠勿念，受恩莫忘"的人越来越少了，尤其缺少的是报恩思想。人们常说知恩图报，要经常想着别人的恩德，有机会就要报答。可是，有的人一夜之间暴富，以为凭借的是自己的能力和运气，很少去想一想为何能够暴富。譬如买福利彩票，有的人中了大奖，以为是鸿运逼人，与别人无关。其实不是那回事儿。假如没有许许多多热衷福利事业的人，没有他们为彩票的发行做出的努力，没有那些热心社会福利的彩票购买者，奖池里就不会积累出成千上万的大奖，哪里会有中大奖的机会？如果说买彩票还有一些运气在里面的话，那么，有的人因为得到某人或社会的帮助而成为千万富翁、亿万富翁，他们在创业之初，总是有人施以援手，帮助他们掘得第一桶金。即使真的是白手起家，完全靠的是个人奋斗，也应感谢所处的时代和社会，感谢生逢其时。所以，富裕起来以后，要想着如何回报社会，回报那些曾经给予自己无私帮助的人。

凡事当留馀地，得意不宜再往。

[译文]

不论做什么事情，都不可太过，都应该留有余地；好事能有一次就不错了，不要想再二再三，好事不可能总是让你一个人遇到。

[解说]

中国人说话做事讲究留有余地，不喜欢说过分的话，做过分的事。"日盈则昃，月盈则亏"，"满招损，谦受益"等成语，都是告诫人们凡事不可太过分，要留有余地。这些都是人生的经验之谈，也是事物发展的规律。它反映出中国人的处世态度，也是中国的传统智慧。留有余地，就把握了主动，就可进可退，进退自如。河南巩义康百万庄园的"留余匾"，说出了留有余地的好处："留有余，不尽之巧以还造化；留有余，不尽之禄以还朝廷；留有余，不尽之财以还百姓；留有余，不尽之福以还子孙。"至于得意之事，往往都有其发生发展的特定环境和条件，离开了特定环境和条件，就不可能再有类似的事情发生。"得意不宜再往"，则是告诫人们不能老是抱有侥幸心理，正像成语"守株待兔"讲的故事那样：一只兔子逃跑中撞死在一棵树下，被宋国的农夫捡了个便宜。农夫于是放下农具，整日守在那棵树下，希望奇迹再次发生，结果为国人所耻笑。好事不可能总是发生在一个人身上，不要幻想不通过积极努力就能侥幸成功。

人有喜庆，不可生妒忌心。人有祸患，不可生喜幸心。

[译文]

别人有喜庆之事，不要害红眼病，心里妒忌人家；别人遇到祸患，不要幸灾乐祸，暗自庆幸。

[解说]

见人成功就害"红眼病"，见人倒霉就幸灾乐祸，是世俗的两大心态。当今社会，这两大世俗心态依然普遍存在。别人升官发财，功成名就，财富滚滚，只要来得正当，是靠个人努力得来的，就应该为之高兴，而不应产生嫉妒心理。见到别人有喜庆之事就暗自嫉妒，那是一种不正常的心理。别人获得了成功，应该见贤思齐，可以作为榜样，作为追求的目标，努力赶上去，而不是嫉妒，更不能诋毁。反过来，看见别人遭遇不幸，应有同情之心，怜悯之意，同时应引以为鉴，分析一下为何会发生这样的事情，从而避免重蹈他人的覆辙，而不应该幸灾乐祸。恻隐之心，人皆有之。如果见别人遭遇不幸而幸灾乐祸，那就是连起码的恻隐之心也失去了。这样的人是很可悲的。

善欲人见，不是真善。恶恐人知，便是大恶。

[译文]

做了好事就想让人家知道，这样的好事不是真正的好事；做了坏事怕人知道，这样的坏事是真正的大恶。

[解说]

人们做事情，免不了要有功利目的。譬如为了生存，为了生活，要去工作，去奋斗。这样的功利目的无可厚非。但是，假如某人为了得到人们的表扬，或者是为了获得某种奖励，而去做好事，做善事，其动机则不纯，这样的好事，即使做了，也值得怀疑，因为它有沽名钓誉之嫌；有的人背地里偷偷做坏事，对他人、对社会造成了伤害，人们还不知道伤害是谁造成的。这样的人很阴毒，实际上一肚子坏水，表面上的道貌岸然，让人们无法看清其真面目。他们做的坏事，直接后果虽然不是很大，但影响很恶劣，因为人们或社会受到了伤害，却不知道这伤害是谁造成的，以至于引起人们相互猜忌，进而造成更大的混乱。这样的人不仅是恶人，而且是大恶人。对这样的人，人们必须擦亮眼睛。

见色而起淫心,报在妻女。匿怨而用暗箭①,祸延子孙。

[注释]

①匿怨而用暗箭:因对某人私下有怨恨而暗地里对其进行攻击。

[译文]

见到美丽的女人就生出奸淫的念头,其妻子女儿也将被别人奸淫;对某人怀有怨恨而暗地里对其进行人身攻击,灾祸将会出现在其子孙身上。

[解说]

美色是大自然的赐予,是人类的财富。对美的热爱和追求,是人类共有的特征。所以,人们常说"爱美之心,人皆有之"。人们可以爱美,可以追求美,但要有正确的途径和正常的手段,不能见色起意,见到美色就想据为己有,就想到淫乐。倘如此,那就不是爱美,而是好淫。孔子说:君子好色而不淫,淫则恶心生。所谓好色而不淫,就是喜欢女色,却不过分,用时下流行的话说,就是风流而不下流。如果沦落到下流的地步,那么,受害者就不仅仅是被侮辱被损害的女性了,其妻子女儿也可能受到报应。如果暗中算计别人,进行人身攻击,或者暗中落井下石,别人虽然可能因此遭受灾祸,但祸害也可能报应在自己的子孙身上。这些说法具有浓厚的因果报应意味,但其劝善的目的还是非常明显的。

家门和顺,虽饔飧不继①,亦有馀欢。国课早完,即囊橐无馀②,自得至乐。

[注释]

①饔飧不继:吃了早饭,没有晚饭。饔,早饭;飧,晚饭。②囊橐无馀:口袋中没有多余的钱。囊,袋子;橐,口袋。

[译文]

只要家庭和睦,一切顺遂,哪怕是吃了上顿没下顿,也会欢乐有余；应该学习的国文课程早早地学习完了，即使口袋空空，同样会自得其乐。

[解说]

家和万事兴。家庭和睦是治家的基本目标，也是终极目标。家庭不和睦，人人各怀私心，个个都有自己的小九九，你东我西，相互拆台，结果是什么事情都做不成，自然不可能让家庭兴旺起来。只有整个家庭心往一处想，劲往一处使，齐心协力，同心同德，才能把家庭治理好。家庭和睦了，即使生活困难一些，日子难过一些，甚至是吃了上顿没下顿，也不必担心，这样的家庭照样其乐融融，日后肯定能够兴旺发达。由治家联系到治国，道理是一样的。得民心者得天下。治国者深得民心，社会就会和谐，国家就会兴旺，百姓就会富裕。学习上也是这样。学习是一件快乐的事情，每天早早地把要学习的知识学习完了，复习过了，即使口袋空空如也，也照样非常快乐。因为知识令人充实，知识令人快乐。

读书志在圣贤，为官心存君国。

[译文]

读书要读古代圣贤之书，向圣贤学习，努力成为圣贤；做官要心里时刻想着君王和国家，把君王和国家放在首位。

[解说]

读书的目的是什么？不同的人有不同的回答。古人说：书中自有黄金屋，书中自有颜如玉，书中自有上天梯。今人说：读书做官，读书发财。表述语言不同，意思大同小异，都是为了功名利禄。儒家劝人读书虽然也包含有这方面的意思，但更主要的是要教育人们如何做人。读书干什么？明白事理，向圣贤学习，做一个对家庭、社会、国家有益的人。至于做官，很多人想的都是升官发财，官做得越大，聚敛的财富就越多。所以，古今中外都有许多贪官、赃官、腐败的官。这些官员之所以如此，主要是他们做官的动机不纯，他们把做官与发财联系在一起，把做官当做聚敛钱财的途径和手段。假如抱着这样的目的去做官，不成为贪官、赃官才怪呢！为官者必须把为国家、为百姓做事情，为国泰民安作贡献,作为为官的出发点和落脚点,权为民所用,利为民所谋,这样才能成为清官和好官,成为百姓喜爱的官,成为永远为历史铭记的官。

守分安命,顺时听天。

[译文]

坚守本分,安于命运,顺应时势,听天由命。

[解说]

朱柏庐讲治家,前面讲了那么多,教导人们应该如何做,劝说人们哪些一定不要做,言之深,情之切,读过之后,言犹在耳,谆谆如诲。但到了最后,却落脚到"守分安命,顺时听天"上,他告诫人们要安于本分,听从命运,一切顺时应势,不要知其不可为而为之,不要逆天命而行。如此一来,就大大减弱了《朱子治家格言》的价值和意义。假如每个人都安分守己,听天由命,一切都交给上天安排,哪里还用得着去奋斗?还有什么必要去努力拼搏?不过,听天由命不是朱柏庐的发明,而是他对儒家思想的继承。儒家也讲个人奋斗,但最后同样归之于听天由命。孔子说君子有"三畏",而"畏天命"则居其首。这说明,在儒家看来,天命是不可违的,必须顺天命而行之。朱柏庐把治家归结到天命上,是其思想局限的表现。

为人若此,庶乎近焉[①]。

[注释]

①庶乎近焉:大概就差不多了。

[译文]

作为一个人,如果能够在修身养性、居家生活、读书学习、为人处世、待人接物等方面,做到了上述所说的这些,大概就差不多了。

[解说]

朱柏庐讲的许多道理,都是其人生经验的总结,富有生活哲理,启人深思。尤其是在治家方面,确实有不少属于"格言",值得人们深思和借鉴。譬如有关勤俭持家、家庭和睦、努力奋斗、积极向上的内容,在今天看来,仍旧有其特有的积极意义。但是不可否认,其中许多道理都和儒家宣扬的纲常伦理相联系,而儒家的纲常伦理,有不少已经和时代精神格格不入,其对人性的束缚、对创造力的排斥、对个性精神的压抑非常明显。因此,应有所区分,有所甄别,有所扬弃。朱柏庐最终把一切都归结为"守分安命,顺时听天",要人们安分守己,一切听从命运的安排,具有明显的消极意义,一定程度上削弱了《朱子治家格言》的积极意义。

附 录

小儿语

儿之有知而能言也，皆有歌谣以遂其乐。群相习，代相传，不知作者所自。如梁宋间"盘脚盘，东屋点灯西屋明"之类，学焉而与童子无补。余每笑之。夫蒙以养正[1]，有知识时[2]，便是养正时也。是俚语者固无害，胡为乎习哉？余不愧浅末[3]，乃以立身要务，谐之音声。如其俚鄙，使童子乐闻而易晓焉，名曰《小儿语》。是欢呼戏笑之间，莫非义理身心之学。一儿习之，可为诸儿流布。童时习之，可为终身体认，庶几有小补云。纵无补也，视所谓"盘脚盘"者，不犹愈乎？沙随近溪渔隐书。

临桂陈宏谋案：《沧浪之歌》[4]，孺子歌耳，孔子叹为自取[5]，且呼小子听之。当是时，不复计其歌之出自孺子也。近溪先生思所以语小儿，因而自为《小儿语》，若规若刺，若讽若嘲，冲口而出，自然成音。小儿闻之，果小儿语也。嗟乎！儿固有不儿时[6]。儿时，熟之复之；不儿时，思之味之。虽欲终视为小儿语，不可得已。或曰言之毋乃不文[7]。夫以小儿语语小儿，焉用文为哉！

[注释]

①蒙以养正：此语出自《易经》蒙卦。蒙卦象辞："蒙以养正，圣功也。"意思是说，对儿童的启蒙教育，应以养正固本、培养其浩然正气为宗

旨，这是十分神圣的事情。②知识：此处指幼儿对其所处的环境和事物有一定的辨识能力和认知能力。③浅末：浅薄、浅陋。④《沧浪之歌》：又作《孺子歌》，其词云："沧浪之水清兮，可以濯我缨。沧浪之水浊兮，可以濯我足。"⑤孔子叹为自取：事见《孟子·离娄章句上》，其文云："有孺子歌曰：'沧浪之水清兮，可以濯我缨。沧浪之水浊兮，可以濯我足。'孔子曰：'小子听之！清斯濯缨，浊斯濯足矣。自取之也。'"其意思是说，清者自清，浊者自浊，都是个人的选择。⑥不儿时：不是儿童的时候，指长大成人。⑦文：文雅，文采。不文，不够文雅，没有文采。

四 言

一切言动，都要安详。十差九错，只为慌张。
沉静立身，从容说话。不要轻薄，惹人笑骂。
先学耐烦，快休使气。性躁心粗，一生不济。
能有几句，见人胡讲。洪钟无声①，满瓶不响。
自家过失，不须遮掩。遮掩不得，又添一短。
无心之失，说开罢手。一差半错，哪个没有。
宁好认错，休要说谎。教人识破，谁肯作养。
要成好人，须寻好友。引酵若酸②，哪得甜酒？
与人讲话，看人面色。意不相投，不须强说。
当面证人，惹祸最大。是与不是，尽他说罢。
造言起事，谁不怕你？也要提防，王法天理。
我打人还，自打几下。我骂人还，换口自骂。
既做生人，便有生理。个个安闲，谁养活你？
世间生艺③，要会一件。有时贫穷，救你患难。
饱食足衣，乱说闲耍。终日昏昏，不如牛马。

担头车尾,穷汉营生。日求升合,休与相争。
兄弟分家,含糊相让。子孙争家,厮打告状。
强取巧图,只嫌不够。横来之物,要你承受。

[注释]

①洪钟无声:大钟不会自己发出声响,只有别人撞击时才会发出浑厚的声音。②引酵若酸:如果用来酿酒的曲是酸的。(怎么能够酿出味道甜美的酒呢?)酵,酿酒用的曲。③生艺:养生的技艺或手艺。

六 言

儿小任情骄惯,大来负了亲心①。
费尽千辛万苦,分明养个仇人。
世间第一好事,莫如救难怜贫。
人若不遭天祸,舍施能费几文?
乞儿口干力尽,终日不得一钱。
败子羹肉满桌②,吃着只恨不甜。
蜂蛾也害饥寒,蝼蚁都知疼痛。
谁不怕死求活,休要杀人害命。
自家认了不是,人可不好说你。
自家倒在地下,人再不好跌你③。
气恼他家富贵,畅快人有灾殃,
一些不由自己④,可惜坏了心肠。

[注释]

①亲心:父母的爱心。亲,指父亲和母亲。②败子:即败家子,败坏家业的不肖之子。③跌你:让你跌跌摔跟头。④不由自己:和自己没有关系。由,缘由,关系。

杂 言

老子终日浮水，儿子做了溺鬼①。
老子偷瓜盗果，儿子杀人放火。
休着君子下看，休教妇人鄙贱。
人生丧家亡身，言语占了八分。
任你心术奸险，哄瞒不过天眼②。
使他不辩不难③，要他心上无言。
人言未必皆真，听言只听三分。
休与小人为仇，小人自有对头。
干事休伤天理，防备儿孙辱你。
你看人家妇女，眼里偏好；
人家看你妇女，你心偏恼。
恶名儿难揭，好字儿难得④。
大嚼多噎，大走多蹶⑤。
为人若肯学好，羞甚担柴卖草；
为人若不学好，夸甚尚书阁老⑥。
慌忙到不得济，安详走在头地。
话多不如话少，语少不如语好。
小辱不肯放下，惹起大辱倒罢。
天来大功，禁不得一句自称；
海那深罪，禁不得双膝下跪。
一争两丑，一让两有。

[注释]

①溺鬼：被水淹死的人。②天眼：上天的眼睛。古人把天人格化，认为

天和人一样是有眼睛的,对世间的一切都看得很清楚。不论是任何人,只要做了坏事,都不可能逃过上天的眼睛。③难:诘难,责难。④好字儿:好的名声。⑤大走多蹶:大步走路容易跌跟头。蹶,跌跟头。⑥阁老:唐代以中书舍人年老者为阁老。中书省、门下省的属官也互称阁老。明代设内阁大学士,故又称宰辅为阁老。这里泛指高官。

续小儿语

小儿皆有语，语皆成章，然无谓①。先君谓"无谓也，更之"，又谓"所更之，未备也"，命余续之。既成刻矣，又借小儿原语而演之，语云："教子婴孩，是书也诚鄙俚，庶乎婴孩一正传哉！"乃余窃自愧焉②。言各有体，为诸生家言③，则患其不文；为儿曹家言，则患其不俗。余为儿语而文，殊不近体④。然可以求为俗弗能。故小儿习先君语如说话，莫不鼓掌踊跃之，虽妇人女子，亦乐闻而笑，最多感发。习余语，如读书，謇謇昏昏⑤，无喜听者，拂其所好，而强以所不知，理固宜然。嗟嗟！儿自有不儿时，即余言或有裨于他日万分一，第恐小儿徒以为语，人徒以为小儿语也。无论文俗，总属空谈，虽仍小儿之旧语可矣。先君何庸更，余何庸续且演哉？重蒙养者，其绎思之。

陈宏谋案：《小儿语》，天籁也⑥；《续小儿语》，人籁也。天籁动乎天机，人籁厌乎人意，婆心益急矣⑦。

[注释]

①无谓：没有意思，没有说法。这里指没有多少思想意义。②窃自愧焉：对这件事我私下里感到惭愧。窃，私下里，自以为。③诸生：明清时把经各级考试录取入府、州、县学读书的人通称诸生。这里泛指读书人。④殊不近体：特别不接近所要求的体式。体，这里指接近儿童口语的表达方式。⑤謇謇昏

昏：结结巴巴，口齿不清。这里指读书不流畅、不清楚。謇，口吃，结巴。⑥天籁：自然界的各种声音。此处指自然之音。⑦婆心：像慈祥的老太太一样的心肠。益：更加，愈加。

四 言

心要慈悲，事要方便。残忍刻薄，惹人恨怨。
手下无能，从容调理。他若有才，不服事你。
遇事逢人，豁绰舒展①。要看男儿，须先看胆。
休将实用，费在无功②。蝙蝠翅儿，一般有风。
一不积财，二不结怨，睡也安然，走也方便。
要知亲恩，看你儿郎；要求子顺，先孝爷娘。
别人情性，与我一般。时时体悉③，件件从宽。
都见面前，谁知脑后④？笑着不觉，说着不受。
人夸偏喜，人劝偏恼，你短你长，你心自晓。
卑幼不才，瞒避尊长。外人笑骂，父母夸奖。
仆隶纵横，谁向你说？恶名你受，暗利他得。
从小做人，休坏一点。覆水难收，悔恨已晚。
贪财之人，至死不止。不义得来，付与败子。
都要便宜，我得人不。亏人是祸，亏己是福。
怪人休深，望人休过。省你闲烦，免你暗祸。
正人君子，邪人不喜，你又恶他，他肯饶你？
好衣肥马，喜气扬扬。醉生梦死，谁家儿郎？
今日用度，前日积下。今日用尽，来日乞化。
无可奈何，须得安命。怨叹躁急，又增一病。
仇无大小，只恐伤心。恩若救急，一芥千金⑤。

自家有过，人要说听。当局者迷，旁观者醒。
丈夫一生，廉耻为重。切莫求人，死生有命。
要甜先苦，要逸先劳。须屈得下，才跳得高。
白日所为，夜来省己。是恶当惊，是善当喜。
人誉我谦，又增一美。自夸自败，还增一毁。
害与利随，祸与福倚。只个平常，安稳到底。
怒多横语，喜多狂言。一时褊急，过后羞惭。
人生在世，守身实难。一味小心，方得百年。
慕贵耻贫，志趣落群；惊奇骇异⑥，见识不济。
心不顾身，口不顾腹。人生实难，何苦纵欲？
才说聪明，便有障蔽。不著学识，到底不济。
威震四海，勇冠三军。只没本事，降伏自心。
矮人场笑，下士途说。学者识见，要从心得。
读圣贤书，字字体验。口耳之学，梦中吃饭。
男儿事业，经纶天下。识见要高，规模要大。
待人要丰，自奉要约⑦。责己要厚，责人要薄。
一饭为恩，千金为仇。薄积成喜，爱重成愁。
鼷鼠杀象⑧，蜈蚣杀龙，蚁穴破堤，蝼孔崩城。
意念深沉，言辞安定，艰大独当⑨，声色不动。
相彼儿曹，乍悲乍喜，小事张皇，惊动邻里。
分卑气高⑩，能薄欲大，中浅外浮，十人九败。
坐井观天，面墙定路。远大事业，休与共做。
冷眼观人，冷耳听话，冷情当感，冷心思理。
理可理度，事有事体。只要留心，切莫任己。

[注释]

①豁绰舒展：豁达大度，舒展自如。②无功：无意义、无成效的事情。

③体悉：设身处地地加以体谅，了解其中的实情与曲折。④谁知脑后：谁能看到身后将要发生的事情？脑后，身后。⑤一芥千金：一点细小的东西价值千金。芥，这里指细微之物。⑥惊奇骇异：对奇怪异常的东西或事物感到惊讶。⑦自奉要约：自己的日常用度要节约。约，节约，俭省。⑧鼷鼠：一种小老鼠。此下四句话是说一样小小的东西或小小的疏忽就能造成重大损害。⑨艰：难，困难。⑩分卑气高：地位低下，气势却很大。比喻想要做的事情与身份不合。

六 言

修寺将佛打点，烧钱买免神明。
灾来鬼也难躲，行恶天自不容。
贫时怅望糟糠，富日骄嫌甘旨①。
天心难可人心，那个知足饿死？
甘甜下咽不觉，是非出口难收。
可怜八尺身命，死生一任舌头。
因循惰慢之人，偏会引说天命。
一年不务农桑，一年忍饥受冻。
天公不要房住，神道不少衣穿。
强似将佛塑画，不如救些贫难。
世人三不过意②，王法天理人情。
这个全然不顾，此身到处难容。
责人丝发皆非，辨己分毫都是。
盗跖千古元凶③，盗跖何曾觉自？
柳巷风流地狱④，花奴胭粉刀山。
丧了身家行止，落人眼下相看。

只管你家门户，休说别个女妻。
第一伤天害理，好讲闺门是非。
人悔不要埋怨，人羞不要数说，
人极不要跟寻，人愁不要喜悦。
大凡做一件事，就要当一件事。
若是苟且粗疏，定不成一件事。
少年志肆心狂，长者言必偏恼。
你到长者之时，一生悔恨不了。
改节莫云旧善，自新休问昔狂。
贞妇白头失守，不如老妓从良。
自家痛痒偏知，别个辛酸那觉？
体人须要体悉，责人慎勿责苛。
快意从来没好，拂心不是命穷。
安乐人人破败，忧勤个个亨通。
儿好何须父业，儿若不肖空积。
不知教子一经，只要黄金满室。
君子名利两得，小人名利两失。
试看往古来今，惟有好人便益。
厚时说尽知心，提防薄后发泄⑤。
恼时说尽伤心，再好有甚颜色。
事到延挨怕动，临时却恁慌忙。
除却差错后悔，还落前件牵肠。
往日真知可惜，来日依旧因循。
若肯当年一苦，无边受用从今。
东家不信阴阳，西家专敬风水。
祸福彼此一般，费了钱财不悔。

德行立身之本,才识处世所先。
孟浪痴呆自是⑥,空生人代百年。
谦卑何曾致祸,忍默没个招灾。
厚积深藏远器⑦,轻发小逞凡才⑧。
俭用亦能够用,要足何时是足?
可怜惹祸伤身,都是经营长物。
未来难以预定,算够到头不够。
每事常余二分,那有悔的时候?
火正灼时都来,火一灭时都去。
炎凉自是通情,我不关心去住。
何用终年讲学,善恶个个分明。
稳坐高谈万里,不如蹞踦一程⑨。
万古此身难再,百年转眼光阴。
纵不同流天地,也休污了乾坤。
世上第一伶俐,莫如忍让为高。
进屦结袜胯下⑩,古今真正人豪。
学者三般要紧:一要降伏私欲,
二要调驯气质,三要跳脱习俗。
百尺竿头进步,钻天巧智多才。
饶你站得脚稳,终然也要下来。
莫防外面刀枪,只怕随身兵刃。
七尺盖世男儿,自杀只消三寸⑪。

[**注释**]

①甘旨:美味佳肴。甘,甜;旨,味美。②三不过意:三种过意不去的情况。意思是说人们对三种情况很在意。这三种情况就是下文所说的王法、天理和人情。如果违背了王法、天理和人情,人们不会轻易放你过去。③跖:一作蹠,春秋战国之际人。曾率众反抗当时的统治者,史称"从卒九千人,横

行天下，侵暴诸侯"，因而被称为盗跖。④柳巷：又作花街柳巷，指旧时的青楼妓院。⑤薄：指关系或感情淡薄。⑥孟浪：鲁莽，莽撞，粗心。⑦远器：大器。指有远大作为的人才。⑧轻发小逞：很轻易地在一些小事上显示自己的才能。逞，显示。⑨蹥踔：跳着走路。这里形容行路艰难。这两句话的意思是：与其坐在那里不着边际地高谈阔论，还不如亲自去行动，哪怕行动很艰难。⑩进履结袜胯下：这句话说的是古代三个能够忍辱负重的人。进履，用的是秦汉之际张良圯桥给黄石公捡鞋子穿鞋子的典故；结袜，用的是西汉名臣张释之在朝堂之上跪下来为处士王生系袜带的典故；胯下，用的是秦汉之际韩信受无良少年的侮辱，从其胯下钻过去的典故。这句话和后面一句联系起来，意思是说，像张良、张释之、韩信这样能够忍辱负重的人，才是古往今来真正的人中豪杰。⑪三寸：舌。过去，人们说某人能言善辩，就说其有三寸不烂之舌。这句话的意思是说，祸从口出，说话不谨慎就会招来杀身之祸。

杂 言

创业就创干净，休替子孙留病。
童生进学喜不了，尚书不升终日恼。
若要德业成，先学受穷困；若要无烦恼，惟有知足好；
若要度量长，先学受冤枉；若要度量宽，先学受懊烦①。
十日无菽粟身亡②，十年无金珠何伤？
事只五分无悔，味只五分偏美。
老来疾痛，都是壮时落的；衰后冤孽，都是盛时作的。
见人忍默偏欺，忍默不是痴的。
鸟兽无杂病，穷汉没奇症。
闻恶不可就恶，恐替别人泄怒。
休说前人长短，自家背后有眼。
湿时捆就，断了约儿不散③；小时教成，殁了父兄不变。

说好话，存好心，行好事，近好人。

算计二著现在，才得头著不败。

君子口里没乱道，不是人伦是世教。

君子脚跟没乱行，不是规矩是准绳。

君子胸中所常体，不是人情是天理。

好面上炙个疤儿，一生带破；白衣上点些墨儿，一生带污。

恩怕先益后损④，威怕先松后紧。

饥勿使耐，饱勿使再。热勿使汗，冷勿使颤。

未饥先饭，未迫先便。

久立先养足，久夜先养目。

清心寡欲，不服四物⑤；省事休嗔，不服四君⑥。

酒少饭淡，二陈没干⑦。慎寒谨风，续命无功⑧。

线流冲倒泰山⑨，休为恶事开端。

才多累了己身，地多好了别人。

白首贪得不了，一身能用多少？

称心要休欢喜，灾殃就在这里。

未须立法，先看结煞⑩。

休与众人结仇，休作公论对头。

做第一等人，干第一等事，说第一等话，抱第一等识。

欺世瞒人都易，惟有此心难昧。

暗室虽是无人，自身怎见自身？

兰芳不厌谷幽，君子不为名修。

触龙耽怕，骑虎难下。

焚结碎环⑪，这个不难；解环破结，毕竟有说。

无忽久安，无惮初难⑫。

处世怕有进气，为人怕有退气。

续小儿语

乘时如矢⑬，待时如死。

毋贱贱⑭，毋老老；毋贫贫，毋小小。

欲心要淡，道心要艳。

上看千仞，不如下看一寸；前看百里，不如后看一鞋。

将溢未溢，莫添一滴；将折未折，莫添一搦⑮。

无束燥薪，无激愤人。

辩者不停，讷者若聋⑯；辩者面赤，讷者屏息；

辩者才住，讷者一句；辩者自惭，讷者自谦。

积威不论从违，积爱不论是非。

一子之母馀衣，三子之母忍饥。

世情休说透了，世事休说够了。

盼望也不来，空劳盼望怀。愁惧也须去，多了一愁惧。

贪吃那一杯，把百杯都呕了；舍不得一金，把千金都丢了。

怪人休怪老了，爱人休爱恼了。

侵晨好饭，算不得午后饱；平日恩多，抵不得临时少。

祸到休愁，也要会救；福来休喜，也要会受。

不怕骤，只怕辏⑰；不怕一，只怕积。

声休要太高，只是人听的便了；事休要做尽，只是人当的便好。

要吃亏的是乖，占便宜的是呆。

雨后伞，不须支；怨后恩，不须施。

人欺不是辱，人怕不是福。

刚欲杀身不顾⑱，柔欲杀身不悟。

当迟就要宁耐，当速就要慷慨。

回顾莫辞频，前人怕后人。

歇事难奋，玩民难振⑲。

穷易过，富难享。宁受疼，莫受痒。

一向单衫耐得冻,乍脱绵袄冻成病。

无医枯骨,无浇朽木[20]。

[注释]

①懊烦:懊恼烦心之事。②菽粟:这里泛指五谷杂粮。菽,豆类的总称;粟,谷子。③约儿:用来捆束东西的绳索。一般是用麦秆、稻秆或其他作物的藤蔓搓成的。约,读 yāo。④先益后损:先增加后减少。益,增加;损,减少。⑤四物:即四物汤,中药方剂名,能补血益神,滋润脾脏。⑥四君:即四君子汤,中药方剂名,功能益气健脾。⑦二陈:即二陈汤,中药方剂名,其方有陈皮、半夏、茯苓、甘草四味药,功能开胃化痰,宽气理中。⑧续命:即续命汤,中药方剂名。主治中风不省人事,神气溃乱。⑨线流:像线一般的细流。形容水流细小而绵长。⑩结煞:结束,结尾。煞,散曲结束的形式之一,有一煞至五煞和煞尾,都是结束之意。⑪焚结碎环:焚烧草结,打碎锁环。意思是消除怨结。⑫无惮初难:不要惧怕事情刚开始就遇到困难。惮,惧怕。⑬乘时如矢:利用机会就像是射出的短箭一样,稍纵即逝。⑭贱贱:把地位低下的人看得很贱。下文的"老老"、"贫贫"、"小小",都是这种语法结构,第一个词作意动用法。⑮搦:握,拿,捏。一搦,一握,形容东西重量很轻。搦,音 nuò。⑯讷者若聋:说话迟钝的人对别人的话没有什么反应,像是没有听到似的。讷,说话迟钝。⑰辏:车轮的辐聚集到中心。辐,车轮上连接车轴和外面轮圈的木条或钢条。这两句的意思是:不怕突然发生某件事情,就怕事情一件接一件地凑上来。⑱刚欲:刚强的性格。⑲玩民:刁顽无赖之民。这句话的意思是说,当老百姓形成了刁顽诬赖的习气之后,就难以再让他们振作起来了。⑳无医枯骨,无浇朽木:已死的人没有必要再施以治疗,已死的树木没有必要再给它浇水。这两句话的意思是说,不要做那些没有一点希望的事情,不要在没有希望的事情上白费力气和心思。

好人歌

天地生万物，惟人最为贵。
人中有好人，更出人中类。
好人先忠信，好人重孝弟。
好人知廉耻，好人守礼仪。
好人不纵酒，好人不恋妓。
好人不赌钱，好人不尚气。
好人不仗富，好人不倚势。
好人不欠粮，好人不诡地①。
好人不教唆，好人不妒忌。
好人不说谎，好人不谑戏。
好人没闲语，好人不谤议②。
好人没歹朋，好人没浪会③。
好人不村野，好人不狂悖④。
好人不懒惰，好人不妄费。
好人不轻浮，好人不华丽。
好人不傷儡⑤，好人不跷蹊⑥。
好人不强梁⑦，好人不暗昧。
好人救患难，好人施恩惠。

好人行方便,好人让便宜。
恶人骂好人,好人不答对。
恶人打好人,好人只躲避。
不论大小人,好人不得罪。
不论大小事,好人合天理。
富人做好人,阴功及后世[8]。
贵人做好人,乡党不咒詈[9]。
贫人做好人,说甚千顷地?
贱人做好人,不数王侯贵。
少年做好人,德望等前辈。
老年做好人,遮尽一生罪。
弱汉做好人,强人自羞愧。
恶人做好人,声名重十倍。
好人乡邦宝,好人家国瑞。
好人动鬼神,好人感天地。
好人四海传,好人千古记。
但愿天地人,同附好人类。
一切好人事,一切休违背。
不枉做场人,替天出口气。
吁嗟乎百年,一去永不还,休做恶人污世间!

[注释]

①诡地:欺骗田地。意思是种田不是精耕细作,多施肥,勤浇水,而是随便对付。②谤议:诽谤和议论别人。③浪会:聚会时放浪形骸,不加约束,很随便。④狂悖:狂妄自大,背弃儒家纲常伦理。⑤偒僿(tǎ sà):方言,又作荅飒,其意思是恶劣、没出息。吴地方言又作不谨慎。⑥跷蹊:即蹊跷,奇怪可疑。⑦强梁:自恃比人强大,蛮横行事。⑧阴功:一种迷信说法,人生在世时多做善事,来世会有好的报应。⑨咒詈:诅咒,谩骂。詈,谩骂,辱骂。

图书在版编目(CIP)数据

弟子规　弟子职　朱子治家格言/卫绍生注译. —郑州：中州古籍出版社,2012.9(重印)
（国学经典）
ISBN 978-7-5348-3285-7

Ⅰ.①弟… Ⅱ.①卫… Ⅲ.①汉语-古代-启蒙读物②家庭道德-中国-清代 Ⅳ.①H194.1②B823.1

中国版本图书馆CIP数据核字(2009)第241483号

出版社：中州古籍出版社
（地址：郑州市经五路66号　邮政编码：450002）
发行单位：新华书店
承印单位：辉县市伟业印务有限公司
开本：640mm×960mm　1/16　印张：7.25
字数：92千字　印数：17 001-25 000册
版次：2010年1月第1版　印次：2012年9月第3次印刷

定价：12.00元
本书如有印装质量问题，由承印厂负责调换。